DE L'ARMÉE

SELON LA CHARTE

ET D'APRÈS

L'EXPÉRIENCE DES DERNIÈRES GUERRES

(1792-1815)

PAR

le Comte MORAND

LIEUTENANT-GÉNÉRAL.

Patriæ impendere vitam.
(PHARSALE.)

PARIS

LIBRAIRIE MILITAIRE DE L. BAUDOIN

IMPRIMEUR-ÉDITEUR

30, Rue et Passage Dauphine, 30

—

1894

Tous droits réservés.

DE L'ARMÉE

SELON LA CHARTE

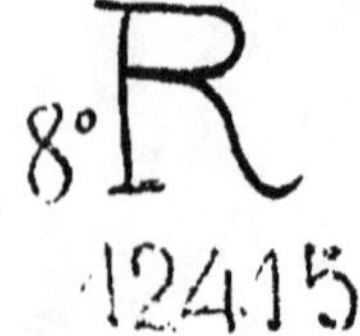

Paris — Imprimerie L. BAUDOIN, 2, rue Christine.

DE L'ARMÉE

ELON LA CHARTE

ET D'APRÈS

L'EXPÉRIENCE DES DERNIÈRES GUERRES

(1792-1815)

PAR

le Comte MORAND

LIEUTENANT-GÉNÉRAL.

Patriæ impendere vitam.
PHARSALE.

PARIS

LIBRAIRIE MILITAIRE DE L. BAUDOIN

IMPRIMEUR-ÉDITEUR

30, Rue et Passage Dauphine, 30

—

1894

LE
GÉNÉRAL COMTE MORAND

————

« Le premier Consul m'a dit que le citoyen
« Morand, adjudant général employé en Égypte
« et qu'il vient de nommer général de brigade, est
« un officier de la plus haute distinction. — 24 fruc-
« tidor an VIII. »

Cette note, de la main de Carnot, alors ministre
de la guerre, est l'expression du sentiment d'un chef
apte à juger les hommes de guerre. Elle explique la
fortune militaire du général Morand. Bonaparte ne
l'avait, pour ainsi dire, connu qu'en Égypte, mais il
l'avait de suite jugé. Il était naturel que l'Empereur
appelât le général à l'armée des Côtes et que, devenu
divisionnaire, il l'employât dans le corps d'armée de
Davout, le fameux et magnifique 3e corps dont les
divisionnaires avec Morand, furent, Gudin et Friant,
noms illustres parmi les illustres, auréolés de la
gloire militaire la plus pure.

Charles-Antoine-Louis-Alexis MORAND naquit à
Pontarlier (Doubs) le 4 juin 1771. Son père, Fran-

çois-Alexis Morand, était avocat en Parlement, citoyen de Besançon, bourgeois de Pontarlier.

Destiné au barreau par sa famille, le jeune Morand prit ses grades à l'École de droit de Besançon ; mais lorsque la Patrie fut déclarée en danger et que l'Assemblée nationale fit appel aux volontaires, il s'enrôla au 2ᵉ bataillon du district de Pontarlier, devenu 7ᵉ bataillon du Doubs.

Il était élu capitaine le 9 avril 1792. Le 21 du même mois, le bataillon se rassemblait à Besançon pour procéder à la nomination du premier lieutenant-colonel. Vingt-neuf votes furent émis ; vingt-cinq se portèrent sur le capitaine Morand. La proclamation du résultat aussitôt faite fut, dit le procès-verbal, « reçue avec les plus vifs applaudissements ».

Peu après, le 7ᵉ bataillon du Doubs était dirigé sur l'armée du Haut-Rhin aux ordres de Biron. Morand prit ensuite, avec son bataillon, part à l'expédition de Mayence sous Custine, et déjà il se fit remarquer par le sang-froid et le brillant courage dont il donna tant de preuves dans la suite.

Le bataillon quittait l'armée du Rhin le 12 août 1793 pour l'armée du Nord afin de coopérer aux opérations destinées à amener le déblocus de Dunkerque. On le voit à Hondschoote, le 8 septembre, où il subit de fortes pertes, et le 3 octobre il va rejoindre les troupes de Jourdan chargées de débloquer Maubeuge, et se trouve à Wattignies les 15 et

16. Fortement éprouvé encore dans ces combats, le 7e bataillon du Doubs demeura campé aux environs de Maubeuge où il eut quelques affaires d'avant-postes.

Passé à l'armée de Sambre-et-Meuse en 1794, le bataillon coopéra à la prise de Mons et fut ensuite attaché au corps de troupes chargé, sous les ordres de Scherer, de reprendre Landrecies, Le Quesnoy, Valenciennes et Condé. Apprès la reddition de cette place, dès le 19 fructidor an II, le 7e bataillon du Doubs rejoignait le gros de l'armée de Sambre-et-Meuse qui poursuivait sans répit les Coalisés et, au combat de Sprimont, le 2e jour complémentaire an II, le chef de bataillon Morand eut le haut de la cuisse traversé par une balle. Cette blessure fort grave le retint près de huit mois à l'hôpital.

Morand rejoignit son corps (alors 112e demi-brigade) (1) au mois de prairial an III, au camp sous Coblentz, à la 10e division (Bernadotte) de l'armée de Sambre-et-Meuse. Il reprit la campagne, se distingua de nouveau en plusieurs circonstances. « Le chef de bataillon Morand, dit Bernadotte dans son rapport à Jourdan sur la prise de Creutznach, en ramenant les troupes au combat, a arraché le drapeau de la main de celui qui le portait et, enflam-

---

(1) Le 7e bataillon du Doubs avait été amalgamé le 9 nivôse an III avec le 2e bataillon du 56e régiment d'infanterie et le 2e des Deux-Sèvres, pour former la 112e demi-brigade, laquelle, par suite du second amalgame, devint 88e, le 3 ventôse an IV.

mant son bataillon en se portant en avant, est parvenu à le ramener à la charge avec succès. »

L'espérance que le Directoire avait fait concevoir
d'une paix prochaine, les douleurs que sa blessure
lui causait encore, de sérieuses raisons de famille
avaient engagé Morand à demander à être compris
sur le tableau des chefs de bataillon surnuméraires,
lors de la réunion de la 112ᵉ demi-brigade et du
3ᵉ bataillon de la 173ᵉ, le 3 ventôse an IV, pour former la 88ᵉ demi-brigade nouvelle.

« Mais, dit-il dans une lettre à Bernadotte, du
17 floréal an IV, puisque la campagne recommence,
j'oublie mes douleurs et mes affaires de famille
pour servir encore ma patrie les armes à la main.

« Je vous demande dans cet instant, mon général,
de bien vouloir vous intéresser pour m'obtenir le
droit de continuer à servir sous vos ordres; je ferai
ce qu'il me sera possible pour mériter toujours l'estime que vous me témoignez et les bontés que vous
avez pour moi.

« Toute mon ambition est de bien servir mon
pays et de mériter la confiance d'un général tel que
vous. »

Bernadotte mit en apostille de sa main sur cette
lettre :

« Le citoyen Morand étant un des bons chefs de
bataillon de l'armée, ses talents, son éducation et
son intrépide bravoure étaient des motifs qui le faisaient regretter de son corps.

« Des affaires de famille, jointes à des bruits de paix, l'avaient déterminé à demander l'agrément de se retirer chez lui ; son vœu a simplement été exprimé sur l'état des renseignements donnés sur chaque chef de corps.

« La campagne allant recommencer, le citoyen Morand étant bien aise de servir son pays, je prie le général Ernouf (chef d'état-major général de l'armée) d'obtenir du ministre de la guerre que la note écrite au bas de ces renseignements soit regardée comme nulle. J'observe au général Ernouf que le citoyen Morand est le plus ancien chef de sa demi-brigade, qu'il l'a commandée avec succès aux avant-postes, et que dans aucun état relatif à la nouvelle organisation, il n'a nullement été fait mention de son désir de se retirer. »

Le général Ernouf s'empressa de faire part au ministre du désir du général Bernadotte et du chef de bataillon Morand, « officier d'un mérite distingué » :

« Les motifs qui l'avaient déterminé n'existant plus, je vous prie de le faire comprendre dans le travail dont le Directoire s'occupe. »

En effet, Morand fut conservé en activité.

Dans les premiers jours de thermidor an IV, le 1er bataillon de la 88e demi-brigade fut laissé en arrière pour former le blocus du fort de Kœnigstein. Il parvint à s'en rendre maître en quelques jours, et y fit 500 prisonniers.

« Le général Marceau, écrivait Jourdan à Morand, à ce sujet, le 8 thermidor an IV, m'a rendu
compte, citoyen, que c'est à votre activité et à vos
talents que nous devons la reddition du fort de
Kœnigstein ; vous avez su par vos dispositions
contenir la garnison et l'empêcher de se procurer de l'eau, après avoir détruit les fontaines qui
leur en procuraient. Recevez le témoignage de ma
satisfaction. »

A ce témoignage de Marceau et de Jourdan, vint
se joindre peu après celui de Bernadotte. On a vu
en quelle estime le futur roi de Suède tenait le
commandant Morand ; il l'avait déjà signalé dans ses
rapports. En rendant compte au général en chef
Jourdan du combat de Teining, le 5 fructidor an IV,
Bernadotte dit encore :

« J'ai à vous recommander le brave et intéres-
sant chef de bataillon Morand. Ce jeune homme a
continué de donner les plus belles espérances ; il
a fait des efforts inconcevables avec son bataillon ;
il a résisté toute la journée contre trois bataillons
dans le village de Teining ; l'ennemi a dû se retirer,
ne le pouvant prendre de vive force. »

La lutte avait duré de 4 heures du matin à
10 heures du soir.

Ce fut un des derniers combats de l'armée de
Sambre-et-Meuse auxquels Morand prit part ; la
88ᵉ demi-brigade suivit la division Bernadotte à
l'armée d'Italie, au mois de février 1797. On le trouve
avec sa demi-brigade à la prise de Gradisca, puis

à l'expédition de Rome, sous les ordres de Berthier.

La 88ᵉ demi-brigade d'infanterie ayant été désignée pour faire partie de l'expédition d'Égypte, le commandant Morand s'embarqua avec elle à Civita-Vecchia, le 7 prairial an VI, et débarqua le 14 messidor. À peine l'armée avait-elle pris terre en Afrique qu'il se distingua à nouveau et mérita d'être nommé sur le champ de bataille même des Pyramides, le 3 thermidor an VI, chef de brigade, par le général en chef Bonaparte.

Avec le 88ᵉ, le chef de brigade Morand suivit Desaix dans son expédition de la haute Égypte ; sa conduite à Sédiman, ses heureux combats de Bardis et de Girgé les 16 et 17 germinal an VII, ses raids contre Mourad Bey appelèrent l'attention sur lui.

Après la défaite qu'il avait essuyée, le neveu du chérif Hassan avait rassemblé quelques milliers de mamelucks et de mékains ; il crut pouvoir se porter sur Bardis pendant que le général Desaix marchait sur Cosséir et le général Belliard sur Rédizy. Le chef de brigade Morand, qui était à Girgé, apprit cette incursion des Arabes ; il courut à leur rencontre à Bardis, les aborda par un feu vif de mousqueterie, et, malgré le nombre considérable des ennemis et le peu de troupes dont il disposait, il crut devoir rester dans sa position, qui était bonne. Attaqué à son tour, il reçut l'ennemi par des décharges qui couchèrent un grand nombre de morts sur le terrain et mirent les survivants en déroute. Morand en profita pour revenir à Girgé couvrir ses établissements. Le neveu d'Hassan, enhardi par cette feinte retraite, osa pénétrer dans cette ville ; il se livrait, avec ses troupes, au pillage du bazar, lorsque Morand, faisant former deux colonnes, cerna les assaillants, les chassa de Girgé et les mit en pleine déroute.

Souvent il poursuivit et combattit Mourad Bey. Celui-ci, ayant repris ses excursions dans la haute Égypte, au mois d'août 1799, s'était avancé de Siout sur Girgé. Morand se mit sur ses traces, le surprit dans la nuit du 25 thermidor an vii, près de Samanhout, après avoir fait 60 lieues en quatre jours, lui tua un grand nombre de mamelucks, prit 200 chameaux chargés, 100 chevaux harnachés et une grande quantité d'armes. Mourad n'échappa qu'à la faveur de l'obscurité.

Les talents qu'il avait déployés dans cette campagne difficile firent appeler Morand, le 21 fructidor an vii, à l'état-major général de l'armée, auquel il fut attaché comme adjudant général.

La plupart des rapports des généraux : Desaix, qui faisait le plus grand éloge de l'activité et de l'intelligence qu'il déployait en toutes circonstances ; Kleber, qui sollicita pour lui le grade d'adjudant général, de Menou, de Belliard le citèrent honorablement. Morand était à Héliopolis ; il contribua puissamment à la réduction du Caire en 1800, prit part à l'affaire de Rhamanié en 1801, et sut, avec environ

2,000 hommes, tenir en échec devant Girgé, qu'il convertit en un poste redoutable par les ouvrages qu'il improvisa, les 60,000 hommes de troupes anglaises, turques et mamelukes, qui marchaient sur Le Caire. Morand avait été l'un des commissaires qui conclurent, par ordre de Kleber, la première convention pour l'évacuation de l'Égypte, cette convention que la mauvaise foi anglaise fit rompre.

Tant et de si importants services lui valurent le grade de général de brigade le 19 fructidor an VIII. Le ministre de la guerre, en lui adressant, le lendemain, l'avis de cette nomination, ajoutait : « Les « services éclatants que vous avez rendus et l'es- « time particulière du premier Consul pour vos ta- « lents, en justifiant cette promotion, raffermis- « sent le Gouvernement dans l'idée que l'Égypte « doit être regardée comme assurée à la France « tant qu'elle sera défendue par des chefs aussi dis- « tingués et des soldats aussi courageux ».

Compris, comme se trouvant faire partie de la garnison de la ville, dans la convention du Caire, qu'il avait signée le 9 messidor an IX, pour l'éva- cuation de l'Égypte par les troupes du général Bel- liard, le général Morand, ramené sur le parlemen- taire anglais *The Dolphin*, arriva à Marseille le 27 fructidor.

Laissé en disponibilité provisoirement pour lui permettre de se remettre de la dure campagne qu'il venait de faire, Morand fut employé, à dater du 28 ventôse an X, dans la 13e division militaire (chef-lieu Rennes), et, le 12 fructidor an XI, il reçut des lettres de service pour le camp de Saint-Omer, commandé par le maréchal Soult, et fut attaché à la division Saint-Hilaire.

Lorsque les camps furent levés pour marcher sur le Rhin, l'armée des Côtes de l'Océan devint Grande Armée, et les troupes du camp de Saint-Omer formèrent le 4ᵉ corps.

Alors le général Morand se trouva sur un véritable théâtre d'opérations qui lui permit de déployer ses talents de manœuvrier et de tacticien.

A Austerlitz, le 4ᵉ corps formait la droite. Morand, à la tête du 10ᵉ léger et du 43ᵉ de ligne, commandait l'avant-garde; il couronna les hauteurs de Pratzen, s'empara de Sokolnitz et fit prisonnier un corps de 5,000 Russes. Sur la demande expresse du maréchal Soult, Morand fut nommé général de division pour ces faits d'armes, le 3 nivôse an XIV, et, le 12 février 1806, appelé à remplacer le général Caffarelli à la 1ʳᵉ division du 3ᵉ corps (Davout).

Sa division et celle du général Gudin, à Auerstaedt, le 14 octobre 1806, furent attaquées par le gros de l'armée prussienne, en débouchant de Kosen. Leur belle contenance et leur fermeté déjouèrent tous les efforts de la nombreuse cavalerie ennemie et fermèrent la seule route de retraite qui semblait rester ouverte à l'armée de Frédéric. « Je dois citer, avec le plus grand éloge, la conduite des généraux Friant, Gudin et Morand », dit le maréchal Davout dans son rapport daté du bivouac d'Eckartsberg, le 14 octobre 1806.

Dans cette même campagne, l'Empereur ayant fait jeter un pont au confluent de la Narew et de l'Ukra, le général Morand passa le premier la rivière avec sa division, le 23 décembre, soutenu par la brigade de cavalerie légère du général Marulaz. L'intrépidité dont le général Morand donna l'exemple, abrégea le combat; toutes les batteries de Czarnowo furent prises, les retranchements enlevés au clair de lune et les défenseurs mis en complète déroute. Morand se fit à nouveau remarquer à Golymin, le 26, où il s'empara de 13 canons.

A la bataille d'Eylau, le corps du maréchal Davout eut la tâche difficile de tourner la gauche de Beningsen. Les divisions Morand, Friant et Gudin enlevèrent les villages de Serpallen et de Klein-Sausgarten; elles auraient décidé dès lors la victoire si le corps prussien de Lestocq, échappant à Ney et averti du danger que couraient les Russes, n'était accouru pour disputer aux divisions françaises le village de Kuschitten, presque sur les derrières de l'ennemi, village dont les troupes de Morand venaient de s'emparer. Elles conservèrent leurs avantages malgré les efforts répétés des Russes et des Prussiens, mais elles ne purent progresser.

Le général Morand prit aussi part à la prise de Guttstadt, au combat d'Heilsberg et à la bataille de Friedland, et c'est en récompense des nouveaux services qu'il y rendit qu'il fut nommé grand officier de la Légion d'honneur le 7 juillet 1807, et, lors de la création des titres impériaux, l'Empereur lui décerna le titre de comte avec deux dotations de 25,000 francs chacune, l'une sur la Westphalie, l'autre sur le Hanovre (19 mars 1808).

La paix de Tilsitt procura du repos à la Grande Armée. Une grande partie en fut envoyée en Espagne où la guerre éclatait, et l'Empereur ne conserva en Allemagne que les troupes de Bernadotte à qui il confia le gouvernement général des villes hanséatiques et le corps du maréchal Davout qui prit la dénomination d'armée du Rhin (12 octobre 1808). Morand conserva le commandement de sa division, qui fut la première de l'armée.

Lorsque l'Autriche vit la plus forte partie des forces françaises engagées en Espagne et sérieusement, elle crut pouvoir ressaisir les provinces qu'elle avait perdues et réparer ses défaites. Cette lutte inopinée fut pour le général Morand un moyen de déployer de nouveau sa valeur et ses talents : à Thann, le 19 avril; à Abensberg, le 20; à Landshut, le 21; à Eckmühl, le 22.

A Landshut, le général Morand soutint les charges de cavalerie sur la rive droite de l'Isar, insulta les faubourgs de la ville et enleva de vive force celui de Seelingthal.

Dans l'attaque que Napoléon dirigea en personne le 22 avril sur Schierling et Eckmühl, le général Morand traversa le premier la Laber, aborda l'ennemi et coopéra efficacement à tourner Eckmühl.

Il prit encore une part effective à l'enlèvement de vive force de Ratisbonne le 23.

L'armée du Rhin avait repris la dénomination de 3ᵉ corps sous laquelle elle s'était illustrée pendant trois années; mais les divisions Morand et Gudin, par suite des mouvements de l'armée et pour concourir à la réalisation des projets de l'Empereur, s'étaient trouvées séparées du 3ᵉ corps et réunies, sous les ordres de Lannes, aux troupes que Napoléon dirigeait en personne. Elles rentrèrent au 3ᵉ corps après Ratisbonne.

A la bataille de Wagram, le général Morand reçut l'ordre du maréchal Davout d'attaquer l'extrême gauche des Autrichiens établis sur le rideau en arrière de Markgrafen-Neusiedel. Ce mouvement fut combiné avec celui des divisions Friant, Gudin et Puthod, disposées sur deux lignes et protégées par la cavalerie de Montbrun et de Grouchy. Le général autrichien ne pouvant se méprendre sur l'objet de ce mouvement tournant, réunit une soixantaine de bouches à feu sur le rideau qui couronne les hauteurs de Neusiedel et les dirigea plus particulièrement contre les troupes du général Morand. Néanmoins, celui-ci chassa la cavalerie ennemie qui se tenait au pied de la hauteur, la gravit au pas de charge et força les Autrichiens à céder le terrain. Dans cette attaque, comme durant le reste de la bataille, le général Morand manœuvra et combattit de manière à mériter les plus grands éloges.

Après la paix de Schönbrunn, le comte Morand

commanda la 1re division de l'armée d'Allemagne reconstituée, et passa avec elle lors de sa formation au corps d'observation de l'Elbe qui prit en 1812 pour la campagne de Russie le nom de 1er corps de la Grande Armée. A la bataille de Smolensk, « le général Morand donna de nouvelles preuves de son talent et de sa valeur ». (Rapport de Davout au major général.) Il enleva le faubourg est qui était retranché et poursuivit le corps de Doctorow jusque dans le chemin couvert qui fut jonché de cadavres russes. Il établit ensuite une batterie de 12 dont le feu, combiné avec celui des batteries des généraux Friant et Gudin, contribua puissamment à l'évacuation de la ville par l'ennemi.

Ce fut le général Morand qui, à la bataille de La Moskowa, marcha sur les redoutes qui couvraient la droite des Russes de l'autre côté de la Kologha, près de Borodino, et les enleva ; mais, dit le 18e Bulletin, à 9 heures du matin, attaqué de toutes parts par les réserves russes, il ne put s'y maintenir. C'est dans ce moment qu'il fut blessé d'un coup de feu à la figure, blessure dont le bulletin ne fit pas mention, sur la demande du général, afin de ne point alarmer sa famille.

Autorisé à rentrer en France le 16 janvier 1813 pour se rétablir, le comte Morand était, dès le 17 mars, placé, par ordre spécial de l'Empereur, à la tête de la 1re division d'infanterie du 4e corps de la Grande Armée. A la bataille de Lutzen, le 2 mai, il

déboucha à 3 heures du matin, traversa le Gruna-
bach sous le feu de la formidable artillerie de l'ennemi, se forma en carrés échelonnés et se dirigea
dans cet ordre sur Kaya, malgré les charges répétées de la cavalerie alliée. Ce mouvement hardi eut
un résultat considérable sur l'issue de la bataille.

A Bautzen, le général Morand enleva avec sa
division, de concert avec le contingent wurtember-
geois, le mamelon dont les Russes avaient fait le
point d'appui de leur centre. Le général Bertrand,
dans son rapport, n'hésite pas à attribuer le succès
de la journée pour le 4º corps aux savantes dispositions prises par le général Morand.

A la reprise des hostilités au mois d'août 1813,
lorsque Napoléon prescrivit au duc de Reggio de
marcher sur Berlin, le général Morand délogea, le
23 août, le corps de Tauenzien de Blankenfeld ; mais
celui-ci ayant été soutenu par Borstel, le général
Bertrand ne crut pas prudent de profiter des succès
de Morand et se décida à la retraite.

Dans la nouvelle tentative faite sur Berlin par le
maréchal Ney, la veille de la bataille de Dennewitz,
le général Morand se distingua encore en chassant
l'ennemi de Naundorf, mais succès éphémère encore. De même, le lendemain, 6 septembre, la division Morand, formant l'avant-garde du 4º corps,
fondit sur le corps de Tauenzien qu'elle renversa, et
la garde du défilé de Dennewitz lui fut confiée. Le
général Morand sut si bien établir les troupes et les
batteries de réserve du 4º corps sur les mamelons

qui commandaient la rive gauche de l'Ager, qu'il y tint en échec les Prussiens une partie de la journée.

Plus tard, le 4e corps venait de prendre position à Wartenburg sur la rive gauche de l'Elbe, lorsqu'après avoir jeté un pont sur ce fleuve, au confluent de la Schwarz-Elster, dans la nuit du 2 au 3 octobre, le maréchal Blücher donna l'ordre à son armée de passer sur la rive gauche. Dans cette journée, la division Morand, qui occupait Wartenburg, eut à essuyer les attaques redoublées du corps d'York et fit, à la faveur de la digue et de quelques abatis, une défense qui dura de 7 heures du matin jusqu'à 2 heures de l'après-midi, et n'abandonna son poste qu'après l'avoir vendu cher à l'ennemi.

Dans la journée du 16 octobre, sous Leipsick, le général Morand occupait avec sa division le village de Plagwitz, sur la rive gauche de l'Elster. Il fut attaqué vers la fin du jour avec une telle supériorité de forces par le corps de Gyulay, que le comte Bertrand jugea prudent de retirer le 4e corps derrière la Luppe, dans la plaine, où il le forma en carrés pour mieux résister à la nombreuse cavalerie autrichienne ; mais Napoléon, appréhendant les conséquences de ce mouvement rétrograde, ordonna au général Bertrand de reprendre l'offensive. La division Morand, formant tête de colonne, traversa Lindenau, en chassa l'ennemi, le rejeta sur Klein-Zschocher, reprit son premier poste et rouvrit ainsi à l'armée sa route de retraite.

A Dennewitz, le 6 septembre, le cheval du

général était tué sous lui ; sa jument avait la jambe brisée par un boulet à Lindenau, le 16 octobre, et dans le combat d'Hanau, le 2 novembre, il perdait encore un cheval.

Ces actions répétées avaient confirmé la réputation du comte Morand comme général. Aussi lorsque Napoléon réorganisa le 4e corps avec des débris de la Grande Armée et des conscrits qui affluaient à Mayence vers la fin de 1813 pour défendre ce boulevard, il en confia le commandement à Morand (16 novembre 1813).

A la fin de décembre, au moment où Mayence fut abandonnée à ses propres forces, cette place renfermait 36,000 hommes. Mayence fut bloquée le 7 janvier 1814. L'état de maladie et de faiblesse physique de la garnison (durant les 5 mois du blocus, 21,000 hommes de troupe et 7,000 habitants moururent du typhus) ne permit d'exécuter qu'une sortie, le 4 février, à Costheim. Cette sortie échoua ; mais par l'attitude que Morand conserva malgré la misère de ses troupes, il tint d'abord en échec le Ier corps d'armée prussien (30,000 hommes), puis le corps russe de Langeron qui lui succéda, enfin, à dater du 18 février, les troupes du prince de Cobourg (12 bataillons de la Confédération, 2 régiments de cavalerie et 2 polks de cosaques).

Mayence fut rendue par ordre le 4 mai. A sa rentrée en France, Morand fut mis en demi-solde. Louis XVIII le nomma chevalier de Saint–Louis le

31 juillet 1814; il avait été nommé grand-croix de l'ordre de la Réunion le 3 avril 1813.

Il était dans cette position de non-activité lorsque Napoléon rentra à Paris, le 20 mars 1815. A la nouvelle de l'appel aux armes du duc de Bourbon, l'Empereur et Davout songèrent à Morand, et des lettres de service l'appelaient le 23 mars à commander en chef les 12e, 13e, 21e et 22e divisions militaires, avec le titre d'aide de camp de l'Empereur et mission d'empêcher un soulèvement dans l'Ouest.

Ses instructions laissaient au général la faculté d'agir suivant les circonstances, mais, disait le ministre dans une lettre du 24 mars, 8 heures et demie du matin : « Il faut tâcher de rallier et de prendre les troupes dans l'endroit où elles se trouvent. Il est peu probable que des corps puissent venir de Châteauroux à Alençon sans être débauchés ; il faut donc faire plusieurs colonnes sur le point où les routes se réunissent. Le point de Tours me paraîtrait convenable comme point central, mais il faut que les généraux marchent avec prudence. »

Quelques jours après, le 30, le ministre écrivait encore au comte Morand qui se trouvait sur la route d'Angers à Nantes : « ... L'essentiel est d'apporter la plus grande célérité dans l'exécution de ces mesures et de montrer des troupes françaises. Partez avec le 3e de dragons, et les autres troupes vous suivront...

« Il faut que vos proclamations soient pleines

d'énergie contre les fauteurs de la guerre civile. Si vous trouvez des rassemblements, vous aurez à sévir contre quelques émigrés, auteurs ou instigateurs de ces trames odieuses ; vous en ferez justice et vous renverrez chez eux les paysans et habitants momentanément égarés...

« Je ne puis trop vous recommander les mesures à prendre pour assurer la subsistance de vos troupes, mais, en même temps, de maintenir une bonne discipline...

« Destituez les autorités civiles qui seraient animées d'un mauvais esprit et mettez-les en surveillance. Faites arrêter les plus dangereux et saisir leurs papiers, et vous les ferez remplacer par des hommes sûrs.

« Faites établir les estafettes sur la route que vous tiendrez depuis Angers. J'écris à M. le comte de La Valette pour qu'il les organise de Paris à Angers.

« Tous les commandants militaires et les autorités civiles seront sous vos ordres ; ainsi vous leur donnerez ceux que vous jugerez convenables pour le bien du service.

« Comme il serait trop long de leur faire une circulaire, vous trouverez ci-joint un ordre qui vous donne des pouvoirs extrêmes qui mettent sous vos ordres les autorités civiles et militaires de tous les pays où vous serez dans le cas d'aller...

« Je ferai partir demain pour Angers le général Travot, il sera à votre disposition ; il commandera la colonne mobile chargée de dissiper les rassemblements qui se formeraient dans la Vendée ; il y est aimé, estimé et craint...

« Employez les ruses du métier pour accélérer les résultats ; annoncez-vous partout avec de très grandes forces, répandez avec profusion les nouvelles et donnez-leur la plus grande publicité.

« Faites donner des bons bien en règle pour les fournitures qui seront faites pour la subsistance et les transports des troupes, et vous vous entendrez avec le préfet pour que le remboursement en soit effectué le plus promptement possible. »

Mais le soulèvement n'était que retardé, et à son arrivée dans l'Ouest, le 28 ou le 29 mars, Morand l'avait trouvé pacifié, ou plutôt le paraissant. Aussi le général écrivait-il de Nantes, le 31, au ministre cette lettre rassurante que les événements devaient bientôt démentir :

« ... Il paraît que le duc de Bourbon s'est embarqué à Saint-Nazaire, à l'embouchure de la Loire, hier ou avant-hier. Le parti que j'envoie hâtera son embarquement ou arrêtera le prince s'il est encore sur le sol français.

« Dans la Vendée, les prêtres, les propriétaires et les fermiers se sont opposés à tout soulèvement ; il n'y a que quelques jeunes gens qui courent encore le pays. J'ai fait dire à leurs familles, qui en paraissent affligées, de les faire rentrer, qu'ils n'auraient rien à craindre, si de suite ils se retirent paisiblement chez eux.

« Je m'efforce de rassurer les esprits qui peuvent être effrayés des opinions qu'ils ont manifestées ; je parle dans le sens des proclamations de l'Empereur. Notre victoire est si complète, le désir de la tranquillité si prononcé dans toutes les classes de citoyens, que je pense qu'il faut bien se garder de pousser au désespoir par des actes d'une vigueur intempestive.

« J'ai déclaré que l'on ne poursuivrait que les malfaiteurs et les hommes qui, depuis qu'ils ont pu savoir le retour de l'Empereur dans la capitale, resteraient en armes.

« Il est bien essentiel que les préfets arrivent le plus tôt possible ; dans quelques jours tout sera entièrement dans l'ordre, et il n'y aura plus qu'eux et la gendarmerie qui auront à faire pour le maintenir... »

Le rôle du général Morand semblait donc terminé et le but atteint. Il fut rappelé à Paris, et lorsque Napoléon réorganisa sa garde, par décret du 13 avril, il lui confia le commandement des chasseurs à pied. Le 2 juin, le général était nommé pair de France.

Morand commanda les chasseurs de la garde à Waterloo ; on sait leur rôle glorieux dans cette bataille, où ils surent quitter le terrain de la lutte, groupés autour de l'aigle, sans se laisser entamer. Lors de la retraite, les grenadiers à pied se réunirent aux chasseurs, et l'infanterie de la garde, sous les ordres de Morand, se replia en bon ordre sous

Paris, puis au delà de la Loire. Le général conserva ce commandement jusqu'au licenciement.

La réaction qui suivit le retour de Gand contraignit le comte Morand à s'exiler. Le général prévoyait qu'il lui serait fait un crime d'avoir repris les armes pour l'indépendance de la patrie. Il se retira, mais avec l'autorisation du ministre de la guerre, en Pologne, patrie de sa femme, la belle comtesse Parissow, qu'il avait épousée en 1808, sous les auspices du maréchal Davout.

En effet, d'abord, le 23 décembre 1815, il était réformé sans traitement, puis, conséquence que cette mesure faisait prévoir, traduit devant le conseil de guerre de la 12e division militaire, séant à La Rochelle, malgré la douceur et la justice qui avaient signalé son commandement dans l'Ouest.

Ce conseil de guerre, présidé par le général Rey, assisté des lieutenants généraux comtes Charles d'Autichamp et de Loverdo, condamna, dans sa séance du 29 août 1816, à la majorité des voix, le général Morand, par contumace, à la peine de mort. Le général était convaincu, dit le jugement, d'avoir fait une proclamation tendant à allumer la guerre civile et anéantir l'autorité royale, le 3 avril 1815, et de l'avoir fait publier et afficher dans tous les départements sous son commandement.

Voici cette proclamation qui valut au comte Morand la peine capitale. Il fallut le sentiment qui régnait après les Cent-Jours, pour oser en faire un grief. Elle vaut d'être reproduite pour montrer l'état de souveraine injustice des esprits à cette époque, et parce qu'elle émane du cabinet du maréchal Davout. Cette proclamation avait été, en effet, adressée toute rédigée à Morand, qui n'eut qu'à la signer, la faire imprimer et répandre :

« Habitants des départements de l'Ouest,

« Notre auguste et magnanime Empereur m'a confié le commandement d'une armée nombreuse qui, divisée en plusieurs colonnes, parcourt en ce moment vos villes et vos campagnes, pour assurer la tranquillité des bons Français, des citoyens paisibles.

« Que voudraient encore quelques agitateurs? N'ont-ils pas livré nos villes, vendu nos arsenaux, nos vaisseaux, dépouillé les trésors de l'État, outragé notre Empereur et notre gloire? N'ont-ils pas rendu assez d'indignes hommages aux ennemis de la France, qui sont encore étonnés de leur lâche trahison, de leur bassesse et de leur ignominie?

« Ils savent bien tous qu'ils sont indignes de notre généreuse nation; aussi que n'ont-ils pas fait pour nous avilir, pour flétrir nos lauriers, pour arracher de nos âmes l'amour sacré de la gloire de la patrie, et tous les sentiments sublimes qui font notre force et le désespoir de nos ennemis !

« Peuple français, nobles enfants de la Victoire, vous l'avez vu en frémissant : des traîtres infâmes, des assassins, des voleurs de grand chemin avaient revêtu les marques de l'autorité sur vous ; ils étaient couverts des distinctions qui ne s'accordent qu'aux services rendus à la patrie, à l'honneur et à la loyauté.

« Pourquoi tant d'agitations, tant de crimes, tant de fureurs depuis vingt-cinq ans ? C'est pour asservir, pour humilier un peuple fier et généreux, pour l'attacher au joug de quelques nobles qui demandent le privilège de le dépouiller et de lui arracher le produit de ses pénibles travaux.

« Des nobles ! Eh quoi ! Tous les Français libres et victorieux ne sont-ils donc pas tous également nobles ? Le sang qui coule dans les veines des braves, n'est-il donc pas le plus pur et le plus noble ?

« Notre avilissement et de l'or, voilà ce qu'ils veulent, voilà pourquoi ils ont attiré sur nous les malheurs d'une guerre si longue, voilà pourquoi ils appellent la guerre civile et tous les forfaits.

« Prêtres de notre religion sainte, rappelez au peuple cette époque si glorieuse pour notre magnanime Empereur qui a relevé nos autels et que nous ne pouvons méconnaître pour l'homme de la Providence au miracle qui nous le rend. Dites-leur comment, livré par la trahison à nos ennemis, il ordonna à ses guerriers fidèles de remettre le glaive dans le fourreau, pour que leur résistance n'accrût pas les dangers et les désastres de la patrie, et se résigna à l'exil pour empêcher l'effusion du sang français.

« Il est arrivé dans sa capitale porté comme un père sur les bras de ses peuples au milieu de leurs cris d'allégresse, de leurs bénédictions et couvert du bouclier de l'Éternel. Plein de la pensée de ses grandes destinées, inaccessible à toutes les misérables passions humaines, il vient nous arracher aux assassins dont le bras était déjà levé sur nous, qui allaient couvrir notre patrie de cadavres et en faire la proie de nos voisins. Son retour nous sauve d'une guerre civile affreuse et inévitable, de la honte et de la destruction.

« Si la première époque de son règne fut consacrée à la gloire des armes autant qu'à la création de grandes institutions et de nobles monuments, la seconde époque le sera particulièrement à nous faire jouir de tout le bonheur dont le germe est dans le cœur de l'homme, au développement de ce que Dieu y a placé de grand et de sublime, à la jouissance de toute la liberté qui rend la patrie chère. La France, ravie de son retour, le sera bien davantage de ses grandes et hautes conceptions pour le bonheur de ses peuples, la prospérité de l'agriculture, de l'industrie, du commerce et des beaux-arts. Vive l'Empereur ! »

Après trois années passées en exil, les esprits s'étant apaisés, le général Morand sollicita l'autorisation de rentrer en France pour purger sa contumace. Cette autorisation lui fut accordée.

Il comparaissait le 5 juin 1819 devant le 2e conseil de guerre de la 5e division militaire, à Strasbourg, composé, d'après une ordonnance spéciale du roi, des généraux prince de Hohenlohe, président, barons Razout et Castex, commandant les 3e et 6e divisions militaires. Quatre officiers de la garnison de Strasbourg complétaient le conseil.

Le lieutenant-colonel d'artillerie Ducrot, faisant fonctions de rapporteur, rappela que, d'après les ordres du duc de Feltre, le conseil de guerre de la 12e division militaire avait condamné le général Morand, alors absent de France en vertu d'une permission du même ministre, et bien qu'il n'eût même pas été assigné; que le général avait demandé des juges disposés à l'entendre et s'était rendu à Strasbourg pour y purger sa contumace.

Il dit ensuite : « Après avoir défendu dans l'hiver de 1813 à 1814 l'importante forteresse de Mayence dont il était gouverneur, le général Morand fit en avril 1814 sa soumission au roi. N'ayant pas reçu d'emploi, cet officier général se retira à Fontainebleau où il vécut très retiré. Il est établi au procès qu'il ne prit aucune part ou directe ou indirecte aux événements qui précédèrent le 20 mars 1815. Ce n'est qu'après le départ du roi que le ministre de la guerre lui donna l'ordre de se rendre sur la rive droite de la Loire pour y prendre le commandement supérieur d'un corps d'observation.

« Le général obéit. Il dut publier la proclamation que le chef du gouvernement lui fit transmettre; mais cette proclamation avait pour but de maintenir l'ordre et d'empêcher la guerre civile. Rappelé à Paris pour y commander une division de la garde,

le général Morand fit la campagne de Belgique, se
battit à Waterloo, ramena les débris de son corps
sous les murs de Paris et ne quitta ses compagnons
d'armes et de malheurs qu'après la soumission de
l'armée de la Loire. »

Le général Morand exposa lui-même ensuite tous
ces faits au conseil avec clarté et précision ; il pré-
senta, relativement à la proclamation incriminée,
une déclaration authentique du maréchal Davout
toujours prêt à couvrir ses subordonnés et à reven-
diquer pour lui seul les conséquences des actes des
Cent-Jours. Morand inspira le plus vif intérêt à l'au-
ditoire, et son défenseur n'eut pas de peine à prou-
ver l'illégalité de la procédure du conseil de guerre
de La Rochelle.

Le conseil, après une courte délibération, déclara
l'accusé non coupable.

« Après avoir été acquitté du jugement dont il
avait été frappé, le général Morand, dit-il dans une
lettre au ministre, en date du 24 décembre 1819,
devait se croire aux termes de ses adversités ; aussi,
dans cette confiance, il demeura deux mois sans
faire aucune démarche et même il les passa loin de
Paris dans sa famille. Quelle fut sa surprise en
apprenant que non seulement l'arriéré de ses appointements lui était refusé, mais encore qu'il n'en
recevrait pas pendant un temps indéfini ; le motif
allégué était que huit mois avant que d'avoir été
jugé par contumace, il avait été *réformé sans traitement.*

« Il reçut, le 12 septembre 1819, une lettre de S. E. le ministre de la guerre qui lui annonça que, par ordonnance du 1er septembre, Sa Majesté avait rapporté, en ce qui le concernait, son ordonnance du 23 décembre 1815 par laquelle il était réformé sans traitement, et, qu'en conséquence, il se trouvait sur la liste des lieutenants généraux en non-activité appelés à remplir les emplois vacants dans le cadre de l'état-major général. Cette lettre ne fait aucune mention des appointements qu'il aurait à recevoir à dater du 1er septembre, et en effet, depuis cette longue époque, il n'en reçoit aucun.

« Voilà donc le général Morand rétabli, le 5 juin 1819, dans tous ses droits, dans ses fonctions, déclaré *non coupable* par un jugement solennel, et, le 1er septembre, placé sur la liste de non-activité par une ordonnance du Roi, et pourtant, il ne reçoit aucun traitement, ni pour le *passé*, ni pour le *présent*.

« Comment se peut-il qu'un officier général soit privé arbitrairement de ses moyens d'existence, du prix de ses services et de son sang versé pour la patrie ?

« Il existe un contrat entre le Gouvernement et les serviteurs de l'État ; ce contrat est dans la loi, les ordonnances, les règlements de l'administration, qui établissent, d'une part, les obligations et les charges à remplir, et, de l'autre, les salaires qui doivent être la récompense, dont seulement un jugement peut priver, parce que le jugement peut seul constater que les services n'ont point été rendus ou qu'il y a eu crime ou délit.

« Le traitement affecté aux officiers généraux est de quatre sortes : *activité, non-activité, réforme et retraite*, et, dans tous les cas, il y a traitement; la suspension ou la suppression du traitement ne peut jamais être que le résultat d'un jugement ou d'une renonciation volontaire au service militaire.

« La *réforme sans traitement*, si elle pouvait avoir lieu, pourrait être un arrêt de mort, parce que celui qui a consacré la partie la plus active de sa vie au service de l'État, confiant dans les engagements qui lui assurent des moyens d'existence pour l'avenir, peut se trouver et se trouve souvent dans le dénuement le plus absolu, après avoir fourni sa carrière avec honneur et probité, et rempli tous ses engagements.

« Un pareil acte ne peut émaner du trône, parce qu'il serait injuste, arbitraire et contraire aux lois ; le général Morand ne pouvait donc être privé de son traitement que par un jugement, et ce n'est que du 29 août 1816, époque du premier jugement, que cette suspension de traitement a pu commencer ; le 5 juin 1819 le jugement par contumace ayant été aboli par un second jugement ne peut être considéré que comme *non avenu*. Ainsi, depuis le 5 juin, le général Morand est rentré dans tous ses droits, et pour le passé, et pour l'avenir, et pour le présent..... »

Cette lettre peint la situation qui était, en ces

tristes jours, faite à ceux de ces généraux du premier Empire, qui, restés fidèles au souvenir, étaient trop fiers pour trouver faveur et fortune contre ingratitude et bassesse ; elle est un vigoureux et juste plaidoyer ; elle laisse entrevoir l'idée primordiale qui a dû présider à l'élaboration de l'*Armée selon la Charte*.

Rappelé enfin de son traitement depuis sa réforme, puis admis comme disponible dans le cadre d'activité de l'état-major général (12 janvier 1820), le comte Morand était mis à la retraite, le 1er janvier 1825, en vertu de cette ordonnance du 1er décembre 1824, qui souleva tant de colères et fut si amèrement et justement reprochée à son promoteur, le marquis de Clermont-Tonnerre.

Le général Morand se retira alors à Montbenoît, se livrant aux travaux de l'agriculture et menant une vie douce et tranquille dans le sein de sa famille, environné de l'estime et de la considération de ses concitoyens, qui l'appelèrent à siéger au conseil général du Doubs. C'est dans ce calme, après tant de vicissitudes, que le général composa son œuvre, qui parut en 1829. Œuvre puissante, hardie, très hardie pour l'époque, préconisant une organisation, des idées, des principes, qui n'ont été mis en application qu'après les revers de 1870 et par suite de ces mêmes revers ; œuvre où se révèle un cœur fort et honnête, pénétré des devoirs des grands commandements exercés, un esprit ayant

profité de l'expérience des luttes gigantesques sou-
tenues.

Les événements de juillet 1830 le surprirent donc
retraité, au milieu de ses paisibles travaux. Dès le
4 août, le général Morand était remis en activité et
appelé à commander la 6ᵉ division militaire (Besançon) ; le 18 octobre suivant, Louis-Philippe lui dé-
cernait la grand'croix de la Légion d'honneur. Enfin,
une ordonnance du 11 octobre 1832 rendait au général la pairie, qu'il avait reçue en 1815 et qui, de
tous les honneurs qu'il avait obtenus jusqu'alors,
était celui qui l'avait le plus touché.

Il suivit les sessions de la Chambre des Pairs, et
prit la parole en diverses circonstances, principalement dans la discussion de la loi sur l'état des officiers. Il s'opposa à l'amendement du comte de Cessac,
qui proposait de remplacer, pour les suppressions
d'emploi, la mise en non-activité par la disponibilité. Le général Morand expliqua ce qu'était cette
position pour les officiers généraux et d'état-major,
et il demanda le maintien, dans le projet de loi, de
la mise en non-activité par licenciement ou suppression d'emploi, de façon à ne pas attacher de flétrissure à la non-activité par retrait d'emploi : c'était
une peine, mais qui n'emportait avec elle rien de
déshonorant. L'amendement de Cessac fut repoussé.

« Mettre en non-activité un officier parce qu'il
est malade serait fort dur », s'écriait ultérieurement
le général Morand, et il proposa de mettre en
solde de congé les officiers que leur état de santé

reconnu empêchait momentanément de servir, et de réserver la non-activité pour les maladies simulées.

A la séance de la Chambre des Pairs, du 1er septembre 1835, le président donnait lecture d'une lettre de la comtesse Morand, excusant son mari, « retenu depuis quelques jours par une indisposition ». Le lendemain mercredi, 2 septembre, le général mourait en son domicile, rue des Saints-Pères, n° 63 ; la maladie avait été courte et douloureuse.

Les obsèques furent célébrées le 4 septembre, à 10 heures du matin, en l'église Saint-Germain-des-Prés.

Un bataillon du 4° régiment d'infanterie de ligne, et un détachement des vétérans de la garde du palais de la pairie escortaient le convoi. Les coins du poêle furent portés par le maréchal Molitor, le duc Decazes, grand référendaire de la Chambre des Pairs ; le lieutenant général Haxo et M. Clément, questeur de la Chambre des Députés, compatriote et ami du défunt.

Le corps du général fut ensuite conduit au cimetière du Père-Lachaise, où les généraux barons Delort et Bernard, aides de camp du roi, prononcèrent des discours.

Le général Delort peignit en traits rapides la carrière du comte Morand ; il appela l'attention des ministres sur la situation dans laquelle le général laissait sa famille, et demanda une pension nationale pour la veuve.

Quant au général Bernard, son discours sera la conclusion de cette notice :

« Mille voix éloquentes sauront transmettre à la postérité les vertus, les exploits, les hautes et brillantes qualités de l'illustre ami dont nous déplorons la perte.

« Le brave et noble général Morand n'est plus. Il était pour nous un des grands trophées vivants de cette ère de gloire dont les prodiges étonneront à jamais le monde.

« Des rives du Nil à celles de la Moskowa, il fut associé à toutes les vastes entreprises de l'homme immortel qui présidait alors aux destinées de la France.

« Sur les champs de bataille, comme dans l'exercice des hautes fonctions de législateur, le comte Morand a constamment bien mérité du pays.

« Repose en paix, brave et vertueux Morand ! Ton nom est écrit dans nos fastes à côté de ceux des grands citoyens qui, comme toi, ont illustré la France. Repose en paix ! La patrie reconnaissante et son auguste prince veilleront sur ceux qui, en héritant de ton beau nom, sauront aussi hériter de tes vertus. »

AVANT-PROPOS

La France, après la lutte terrible et acharnée qu'elle a soutenue contre l'Europe pour son indépendance, et dans son propre sein pour ses libertés, parvenue enfin au but de ses efforts. n'éprouve plus que le besoin d'établir sur des institutions qu'aucun choc ne puisse ébranler, son repos. sa prospérité et sa sécurité. Tous les regards, tous les vœux, toutes les espérances s'arrêtent sur la Charte, qui apparaît comme une vaste fondation jetée au milieu des débris et des ruines, que tant de guerres et de troubles civils ont accumulés : cette base du nouvel ordre social attend l'édifice qu'elle doit supporter, et qui pourra la garantir des outrages du temps et des hommes. Heureux les princes, heureux les citoyens qui contribueront à ce grand établissement : car notre Charte et les

institutions qui en émaneront feront le bonheur
et l'admiration des générations à venir. Les lois
sages sont éternelles, tandis que les peuples,
comme les familles, disparaissent successivement et sont remplacés sur la surface de la
terre.

Notre Charte est non seulement un traité de
paix entre les hommes et les époques ; elle est
aussi le faisceau des lumières du temps présent,
des leçons du passé et des besoins de la civilisation ; elle est entourée des acclamations de
tous les Français, dont elle a fixé les vœux et
les espérances : il n'y a eu que plaintes, troubles et agitations toutes les fois qu'elle a été
menacée, tandis que la seule manifestation de
la volonté de l'observer a suffi pour répandre
la paix et le contentement.

De bonnes mœurs, de bonnes lois, une
administration forte, active et prévoyante procurent le bonheur et la prospérité aux nations :
mais le bonheur, la prospérité, la richesse, les
arts, les sciences se perdent si on ne sait les
défendre ; il ne suffit pas de vivre dans un
ordre social parfait il faut y vivre avec sécu-

rité : les institutions doivent donc avoir le double but de procurer aux nations une existence heureuse, et les moyens de la conserver et de la garantir.

Qu'il soit permis à un vieux soldat qui a versé son sang et longtemps combattu pour la patrie, d'exposer sa pensée sur les moyens de la défendre ; il n'offre que quelques réflexions, quelques idées simples, inspirées par le caractère du nouvel ordre social dont la France espère et attend sa prospérité, et par les champs de bataille sur lesquels il a passé la meilleure partie de sa vie ; il a vécu parmi les plus illustres guerriers, a vu leurs actions et écouté leurs leçons. C'est avec ces souvenirs qu'il charme les loisirs que lui laisse la culture de son champ, et qu'il voudrait être encore utile à son pays, en dépit du ministre qui l'a mis à la retraite. Que l'on conteste le mérite de cet écrit ; que quelques-unes des idées qu'il renferme paraissent nouvelles, ou que toutes soient connues, les meilleures sont celles que tous les bons esprits ont eues ; que le style soit plein de défauts, eh qu'importe ! on ne pourra méconnaître l'œuvre d'un bon Français qui, sur le déclin de la vie, solitaire et isolé des passions, rêve encore le bonheur et la gloire de sa patrie, comme aux jours de sa jeunesse.

Un gouvernement constitutionnel (1) trouve les ressources pour la défense de l'État, dans la conservation de l'esprit militaire dans l'armée et dans la nation, de sorte que, sans faire courir de dangers à la liberté, sans contrarier l'agri-

____

(1) L'esprit d'ordre et d'association est celui du commerce et de l'industrie ; il domine avec ces éléments de prospérité, et donne naissance au régime constitutionnel, dans lequel les droits et les devoirs de chacun sont déterminés par des lois et des règlements, et qui se maintient par la justice, le besoin et l'habitude de l'ordre.

La domination des prêtres succède à l'état sauvage et s'accommode de la barbarie ; elle se fonde sur une soumission passive et stupide, et se maintient par des rites, des pratiques et des supplices.

La domination des guerriers n'est autre que la violence luttant contre elle-même ; elle se signale par les meurtres, les perfidies et le pillage.

D'ailleurs, quel que soit le régime, le gouvernement est toujours entre les mains d'un petit nombre ; car ni un homme seul, ni une multitude ne peuvent gouverner, et la lutte permanente pour s'emparer du pouvoir, le retenir et en exclure, occasionne de fréquentes agitations.

J'ai pensé qu'il était nécessaire de dire de quelle manière je comprends et je définis le régime constitutionnel.

culture, les arts et le commerce, les ressources et les forces de l'État puissent être développées proportionnellement aux besoins de la défense, avec le moins d'effort, le plus d'économie et d'ordre possible.

2° Dans les moyens faciles et économiques par lesquels l'administration fournit aux besoins de l'armée.

Enfin, dans l'organisation de l'armée sous le rapport des armes et machines de guerre, et de la méthode de grouper les soldats et de les faire se mouvoir et combattre. Cette organisation a une telle influence, que le sort et le salut des nations semblent en dépendre, Chaque page de l'histoire en offre la preuve : Alexandre conquiert l'Asie et défait d'immenses armées avec quelques milliers de soldats combattant en bon ordre ; les phalanges de son successeur sont ouvertes et dispersées par les légions romaines. Si le salut de l'État dépend ainsi de l'organisation de l'armée pour le combat, le salut de l'armée est dans le bon emploi des ressources pour son entretien et sa conservation. Mais que servirait l'habileté dans les manœu-

vres de guerre et l'administration la plus parfaite, sans cet élan sublime qui inspire les
grandes actions et qui rend faciles tous les
sacrifices pour la patrie !

DE L'ARMÉE
SELON LA CHARTE

PREMIÈRE PARTIE

Du développement des forces de l'État et de la conservation de l'esprit militaire.

Il suffit de jeter un regard autour de nous pour se convaincre de la nécessité d'une armée permanente en France : tous les peuples nos voisins sont en armes, leurs ressources sont employées en préparatifs de guerre et à construire des places fortes; leurs soldats sont prêts à commencer le combat au premier signal qui leur serait donné. Les sciences ont pris une si grande part dans les moyens de guerre, et les méthodes pour se servir des armes ont acquis tant de précision, qu'il faut plusieurs années pour l'instruction militaire. D'ailleurs, cette question a été résolue avec tant de succès par le général Lamarque, si distingué par les armes, la science et le talent admirable de rendre sa pensée, que toute discussion nouvelle parait inutile.

Mon but est de rechercher les moyens par lesquels la France, élevée à une haute civilisation et parvenue au gouvernement constitutionnel, pourra tirer de son sein une armée permanente, nombreuse, et pourra l'entretenir sans épuiser ses ressources, sans nuire à sa prospérité ; une armée inoffensive à son repos et à ses libertés, qui soit capable de conserver sa gloire, de défendre son indépendance, et de la préserver de la dégénération et de la langueur dans lesquelles l'amour des richesses, des jouissances et les occupations paisibles ont entraîné tant de nations.

Les peuples classés dans la même catégorie subissent le même sort ; on les voit, dans les diverses époques de l'histoire, naître et mourir dans les mêmes circonstances, renouveler constamment les mêmes événements. Ceux qui ont dû leur existence et leur prospérité au commerce et à l'industrie ont dédaigné la profession des armes, ont acheté des mercenaires pour les défendre ; on ne remarque parmi leurs guerriers que peu de leurs citoyens. Rome aussi acheta des barbares, tous ces peuples ont péri ; l'Angleterre maintient de nos jours sa domination sur l'Inde avec des stipendiés, qui tourneront aussi leurs armes contre elle.

L'Égypte, l'Inde et tous les États où les prêtres dominèrent, furent la proie de leurs voisins, ou furent déchirés par leurs peuples fanatiques.

Les États qui subsistèrent longtemps furent fondés par des peuples réunis pour la guerre, et dominateurs par la force, qui demeurèrent campés, et le glaive à la main, sur la terre qu'ils avaient conquise. Pour ces peuples, rien ne fut honorable que la force brutale, le combat et la victoire; les vaincus et les faibles, réduits à l'esclavage, labourèrent la terre; les hommes libres s'égorgèrent entre eux, jusqu'à ce que les richesses, les arts et le commerce les eussent subjugués.

Un ordre de choses longtemps inconnu à l'histoire a commencé, quelques peuples sont arrivés en Europe à une haute civilisation fondée sur les préceptes purs et sévères d'une religion amie de l'humanité; les sciences ont désarmé la force brutale et la férocité; les arts, le commerce et l'industrie ont répandu la richesse; la raison et l'analyse ont saisi le sceptre de l'intelligence. Un nouvel état social s'établit, mais ses éléments se combattent et se heurtent parmi des intérêts, des traditions et des habitudes anciennes; cependant les idées qui doivent servir de base aux mœurs et aux institutions nouvelles triomphent chaque jour.

Je n'examine cette grande question que sous le rapport du développement des forces de la France, et de la conservation de l'esprit guerrier dans la nation, qui seul rendra facile la composition et le recrutement de l'armée.

C'est chez les nations constituées en état perpétuel de guerre, qu'il faut chercher par quels moyens elles s'y maintiennent; car il n'y a rien à découvrir dans les États commerçants et industriels qui achètent des soldats, ni dans les États dominés par les prêtres, insouciants sur tout ce qui n'est pas leurs rites. Or, dans les États essentiellement guerriers, les hommes libres, qui étaient seuls appelés aux armes, ont été divisés par classes, d'après l'âge et l'aptitude des individus aux travaux militaires. Les premières classes se composaient des jeunes gens et des hommes dans la force de l'âge et de la santé ; la dernière classe, ou l'arrière-ban, de ceux qui, sur le déclin et chargés de soins domestiques, ne pouvaient être que rarement appelés, et seulement dans les plus grands dangers. Mon intention n'étant pas de faire un cours d'histoire, je m'arrêterai à ces indications que j'y ai puisées.

Des États dont l'existence politique récente est due à des victoires, et qui ont besoin, pour la conserver, de se tenir dans une attitude guerrière ont imité cette organisation en la rendant plus régulière, et en l'adaptant à leur état social : tout le peuple y est sous les armes, rangé par classes qui peuvent être successivement appelées au combat et à la défense de la patrie, qui y est regardée comme le premier et le plus honorable des devoirs.

Ainsi dans l'antiquité, comme dans le moyen âge et dans l'âge actuel, les nations qui ont voulu se maintenir en état de se défendre et d'attaquer leurs ennemis, ont eu la même pensée sur les moyens d'y parvenir. Cette pensée domine en France dans l'esprit de tous ceux qui s'occupent des destinées de la patrie ; elle ne vient point de l'étranger, ni d'une tendance à l'imitation, mais de l'inspiration de la nécessité, qui ne trompe point sur les moyens de conservation et de bien-être.

Sur les ruines de l'établissement guerrier de nos ancêtres, Louis XVIII a fondé le régime qui fera le bonheur et la prospérité de la France, et qui convient à sa situation morale et politique; mais ce régime de paix et de justice ne renferme pas les moyens de défense et de conservation; pour les trouver, il faut reporter ses regards en arrière, les arrêter sur les peuples qui n'ont connu que la loi du plus fort, examiner avec soin la pensée des institutions créées pour la guerre, et les exigences de la victoire, les comparer à notre état social; on pourra reconnaître alors ce qui peut lui en être applicable.

Composition et recrutement de l'armée.

Admettant le principe que le premier de tous les devoirs est de défendre la patrie, que sa défense ne peut être confiée à des mercenaires, que c'est un tribut qui doit être payé par tous, et réparti à chacun selon son âge et sa capacité ; que ce tribut, comme tout autre impôt, doit varier, être plus grand ou moindre, selon les besoins de la guerre ; en admettant, dis-je, ce principe, il reste à déterminer comment il doit être appliqué à notre pays.

Un État est défendu par des manœuvres et des batailles; par des places fortes qui ferment les avenues du pays, et qui sont les dépôts de ses ressources ; enfin par le maintien du bon ordre et de la paix dans les foyers ; il faut donc trois armées distinctes : une armée active, une armée pour la défense des places, une troisième armée pour la police intérieure.

Les jeunes gens doivent nécessairement composer l'armée active, et parce qu'ils sont les plus dispos, et parce qu'ils n'ont encore aucun engagement qui puisse refroidir leur courage, et leur faire craindre les chances de la guerre, que la jeunesse aime naturellement à courir. Les défenseurs des places peuvent être pris parmi les hommes mariés et établis, parce que ce service n'est que temporaire, et qu'ils ne le feront qu'à peu de distance de leurs habitations. La garde des foyers, le maintien de l'ordre et de la paix doivent appartenir à des hommes plus âgés, auxquels des soins paternels et domestiques, des affaires et des travaux ne permettent pas de s'éloigner.

L'armée active serait donc recrutée parmi les jeunes gens de vingt ans, dont l'engagement durerait jusqu'à vingt-huit ; l'armée des places parmi les hommes de vingt-neuf à trente-six ; enfin la garde nationale comprendrait les hommes de trente-sept à quarante-quatre ans. Ainsi les cadres de l'armée de bataille seraient remplis de jeunes gens de vingt à vingt-huit ans, et par ceux qui, après avoir atteint le terme du service qu'ils devaient comme un tribut, auraient consenti à le continuer et auraient embrassé la profession des armes. Ceux de l'armée des places seraient remplis par un dixième des hommes de l'âge de vingt-huit à trente-six ans, capables de servir ; enfin la garde nationale comprendrait tous les citoyens domiciliés, qui auraient une propriété ou une industrie, et âgés de trente-sept à quarante-quatre ans, qui ne seraient ni infirmes ni empêchés, ou par des défauts physiques, ou par des emplois et des travaux qui ne leur laisseraient que le temps d'y vaquer, ou par d'autres incapacités.

Après trois ans de service, le soldat d'infanterie, de cavalerie et même d'artillerie, est instruit ; il a acquis l'habitude du pas militaire, du poids de ses armes et de son bagage, et même du genre de fatigues qu'il aura à supporter en campagne ; l'expérience l'a prouvé. Dès lors il peut être renvoyé dans sa famille, pour y continuer ses premiers travaux, par un congé illimité, qui ne cesserait que par l'ordre de son rappel sous les drapeaux, où le service pourrait le retenir plus ou moins longtemps. Par cette disposition, l'État n'aurait à solder et à entretenir que les trois huitièmes de l'armée active ; les cinq autres huitièmes, à l'exception des hommes qui seraient rappelés momentanément sous les drapeaux, congédiés dans leurs foyers, ne recevraient pas de solde. La France pourrait donc avoir une armée de quatre cent mille soldats présents, soit sous les drapeaux, soit congédiés, mais disponibles dans tous les instants, dont pourtant elle ne solderait et n'entretiendrait que cent cinquante mille. La jeunesse française recevrait l'instruction militaire, prendrait les habitudes de l'ordre et de la subordination, sans perdre celles des travaux agricoles et industriels.

La France aurait en outre deux cent mille hommes de l'âge de vingt-neuf à trente-six ans, organisés en bataillons par arrondissement, qui ne seraient soldés et entretenus que lorsqu'ils seraient employés dans les places fortes, et ils ne pourraient l'être qu'en temps de guerre, que successivement, et pour un temps limité à quelques mois : la garde nationale n'occasionnerait aucune dépense.

Ainsi se trouverait résolu ce grand problème, de développer les forces d'une nation commerçante et industrielle, proportionnellement au besoin de la défense, sans nuire à l'agriculture, aux arts et au commerce, et sans mettre en danger ni le repos de l'État, ni la liberté ; ainsi que le problème nouveau d'appliquer à une nation commerçante et industrielle l'organisation militaire propre aux États essentiellement guerriers : de sorte que la considération soit conservée à la profession des armes, dans un pays où dominerait l'estime pour les arts, l'amour du gain, et l'appât des jouissances de la paix.

Il est facile de démontrer qu'une pareille organisation ne peut être menaçante ni pour le gouvernement établi ni pour les libertés des citoyens, qui ne peuvent être mises en danger que par des mercenaires, soit étrangers, soit nationaux. En effet, dans un pays où l'armée ne se compose que de citoyens ou de leurs enfants, où les lois protègent toutes les propriétés et ne persécutent jamais, où le faible, le pauvre et le riche ne peuvent être opprimés, parce que la justice est appliquée aux délits, sans distinction des personnes, où des comptes sévères, rendus chaque année de l'emploi des ressources de l'État, empêchent qu'elles ne deviennent la proie de l'avidité, de la ruse et de l'obsession ; dans un tel pays, dis-je, la patrie et le prince sont chéris, tous les citoyens concourent avec ardeur au maintien de ce qui fait leur bonheur et leur prospérité ; aucune passion, aucun intérêt privé ne peuvent prévaloir sur le sentiment profond de bien-être qui pénètre tous les cœurs et domine tous les esprits.

Un gouvernement établi ne court de danger qu'au moment de la crise du passage d'un régime à un autre régime : alors pressé dans la lutte de toutes les passions, de tous les intérêts qui s'attaquent et se défendent, entraîné d'un parti dans un autre, comme un vaisseau qui, dans la tempête, est brisé par les flots qui se battent sur ses flancs ; ce gouvernement peut succomber sous tant d'efforts contraires : il n'avait point aperçu, ou il avait dédaigné les changements que le temps et tout ce qu'il mène avec lui avait opéré dans la situation morale et politique de la nation ; il n'avait rien prévu, et il tombe dans l'abîme comme ces montagnes dont les eaux souterraines ont miné et détruit la base. Mais lorsque la révolution est achevée, le gouvernement qui surgit de son sein, ou qui se rétablit, n'a de danger à courir qu'autant qu'il voudrait recommencer la lutte et se déclarer hostile aux intérêts victorieux. Si au contraire il se constitue l'appui des changements qui se sont faits, des mœurs et des intérêts nouveaux, il est fort comme la jeunesse ; il peut être prévoyant, car il a pu apprécier les causes des événements dont il a été le témoin, et dont sa sagesse a assigné le terme : on porte à l'autorité qui protège ainsi le rétablissement de l'ordre, qui est le plus grand besoin de tous, non cet amour équivoque que des courtisans exhalent en vaines démonstrations, mais un sentiment de reconnaissance et de satisfaction qui, répandu dans toutes les classes, lui donne tous les citoyens pour défenseurs. C'est ce sentiment que les Français ont eu et qu'ils ont conservé pour leur bon roi Henri.

L'agitation qui a tourmenté la France dans la crise de son passage du gouvernement féodal au régime des lois, est à peu près calmée ; les causes qui l'ont produite ont cessé, car on est arrivé au but ; chaque jour le nouvel ordre de choses s'affermit par les mœurs qui se forment et les générations qui successivement s'élèvent, tandis que les traditions du régime renversé tombent dans l'oubli avec leurs défenseurs, dont le temps fait sa proie.

Si les cinq huitièmes de l'armée, dispersés par des congés sur la surface de la France, demeuraient sans surveillance, ces soldats perdraient non seulement l'instruction qu'ils auraient acquise dans les trois premières années de leur service, mais encore l'habitude de l'ordre, de l'obéissance, de la discipline et de la subordination, sans lesquelles une armée ne peut exister; ils ne recevraient point les traditions des actions glorieuses qui alimentent le courage, et le désir de les imiter : il faut donc que des cadres soient formés et permanents, pour recevoir les soldats à leur arrivée dans leurs familles; que ces soldats y trouvent leur place et des devoirs à remplir; devoirs faciles, et qui ne pourraient les détourner des travaux qu'ils sont venus reprendre.

Cette surveillance appartient de droit aux officiers en non-activité, qui seraient nombreux, puisqu'ils se composeraient des officiers en retraite, des officiers en *non-activité*, c'est-à-dire de ceux qui obtiendraient des congés illimités, ou auxquels le gouvernement en accorderait, soit par des considérations qui lui seraient particulières, soit après une guerre qui aurait exigé un déploiement de forces que la paix rendrait inutile ; enfin, des officiers disponibles, qui ne jouiraient que d'un cong limité et révocable à volonté. Presque la moitié des officiers de l'armée active seraient en congé ; comme il ne resterait sous les drapeaux que les trois huitièmes des soldats, dont l'instruction exigerait à peu près les trois cinquièmes des officiers, les deux autres cinquièmes, soit qu'ils aient un congé illimité ou limité, révocable à volonté ou avec leur consentement, formeraient donc, avec les officiers vétérans, les cadres des légions organisées pour réunir les officiers, sous-officiers et soldats congédiés, pendant le temps qu'ils passeraient dans leurs foyers. Si ces cadres n'étaient formés que des officiers disponibles ou en non-activité, c'est-à-dire en congé illimité, ils auraient trop peu de consistance : il est donc nécessaire de les établir d'abord avec les officiers vétérans et ceux qui, après avoir servi, auraient obtenu de se retirer avec le droit de porter l'uniforme, et de conserver des occupations militaires qu'ils pourraient exercer au sein de leur famille. C'est parmi ces officiers vétérans, ou qui seraient en retraite prématurée et volontaire, que les officiers faisant partie des cadres des régiments trouveraient, dès le jour de leur retour dans leur maison, une place et un emploi dans les légions de l'armée active de réserve.

La dénomination de *légions* convient à ces corps destinés à recevoir des officiers, des sous-officiers et des soldats de toutes les armes et de tous les régiments de l'armée. Il ne devrait y avoir qu'une seule légion par département, qui serait plus ou moins nombreuse. Proportionnellement à la population du département, elle compterait plus ou moins de bataillons ou d'escadrons. Ces légions devraient être commandées par des généraux en retraite ; les officiers commandants des bataillons ou escadrons seraient aussi tous en retraite ou en congé illimité ; les officiers disponibles leur seraient adjoints pendant le temps qu'ils demeureraient dans leurs foyers ; tous d'ailleurs seraient libres de se livrer aux occupations honorables qui leur conviendraient ; ils auraient le même avantage que les soldats. C'est par cette considération que j'ai distingué les officiers en congé illimité, de ceux qui n'ont qu'un congé précaire; les premiers devraient être prévenus à l'avance de leur rappel, qui ne devrait avoir lieu que de leur consentement, excepté en cas de danger de l'État; les officiers disponibles, au contraire, ne pourraient prendre aucun engagement qui puisse les retenir un instant après la réception de l'ordre qui les rappellerait sous les drapeaux. Le traitement de chacun devrait être analogue à sa situation différente.

Les officiers en retraite ou en non-activité, dispersés aujourd'hui dans les villes et dans les villages, s'y consument dans un loisir qui leur pèse et les tourmente, par la comparaison qu'ils font de l'inutilité de leur vie actuelle, avec l'activité de leur jeunesse; le service de l'État, le dévouement à la patrie sont un besoin qui se fait sentir jusqu'au dernier jour de la vie, à celui qui lui a fait le sacrifice de la sienne. Les officiers dont le service dans l'armée active serait suspendu pour un temps limité ou illimité, soit par leur propre volonté, soit par la réduction que nécessite l'état de paix, seraient charmés d'employer ce temps de repos d'une manière utile pour eux et pour l'État, de retrouver au sein de leurs familles les occupations militaires et le service auxquels ils ont destiné leur vie. J'ai distingué trois classes de ces officiers éloignés des rangs de l'armée : ceux en retraite, ceux en non-activité, et ceux disponibles. Les premiers ont terminé leur carrière active, parce qu'ils ne peuvent plus en supporter les fatigues, et ils ont acquis, avec la faculté de disposer d'eux, une pension relative à leurs services, à leur rang, à leur âge et à leurs infirmités. Les seconds, après avoir mérité une pension, sont éloignés des rangs pour un temps indéterminé, ou par leur propre volonté, ou par la volonté du gouvernement; ils sont dans la situation que l'on désigne sous le nom de *réforme*. Les troisièmes sont ceux qui ont obtenu un congé limité ou illimité, mais révocable à chaque instant, qui n'ont point cessé de faire partie du cadre ou de l'état-major général, ou des régiments; ils sont en *disponibilité*, les traitements de ces deux dernières classes d'officiers doivent différer; celui de la dernière doit être le plus fort.

Ce serait donc avec des officiers placés dans ces trois catégories que l'on formerait les cadres des légions, composées de sous-officiers et de soldats disponibles, et organisés en bataillons et en escadrons, en compagnies et en escouades, par arrondissement, et dans les villes et les villages; ces légions composeraient donc la seconde armée active, et retiendraient sous le joug de la discipline et des règlements militaires les officiers et les soldats congédiés et dispersés dans toute la France, qui d'ailleurs pourraient se livrer aux occupations et aux travaux de leurs familles.

Le premier devoir du militaire, à son arrivée dans

sa ville ou son village, serait de se présenter, avec son congé, à l'officier ou au sous-officier de la légion qui y serait établi, de se faire inscrire sur le registre de la compagnie, et de recevoir les instructions sur ses devoirs et sur sa conduite ; le rapport de cette admission serait fait de suite aux chefs supérieurs. L'uniforme des différentes armes étant de la même couleur, il n'y aurait aucune bigarrure dans l'habillement des légions, quoiqu'elles se composassent de soldats de tous les régiments.

Tous les dimanches, lorsque le temps le permettrait, les soldats légionnaires du même village, de la même paroisse, de la même ville seraient réunis en uniforme et inspectés par leurs chefs ; le bataillon et l'escadron pourraient être réunis tous les trois mois, et la légion deux fois par année. Dans les grandes réunions, on suppléerait aux exercices qui exigent le maniement des armes, par des tirs à la cible, par l'escrime du fusil armé de sa baïonnette, et du sabre, que suivrait une distribution de prix, ce qui leur donnerait un air de fête et de solennité qui charme la jeunesse et flatte la vanité de tous les âges. Comme elles occasionneraient des dépenses aux officiers et aux soldats, il serait juste et nécessaire de leur accorder une indemnité, qui serait fixée d'après les localités et les distances à parcourir pour se rendre au lieu de rassemblement. Ces réunions ne seraient que de quelques jours.

Les chefs de légions tiendraient un registre où la conduite de chacun serait notée, ils en rendraient compte aux inspecteurs généraux, qui obtiendraient du Roi les gratifications et récompenses que la conduite bonne et honorable mérite. Les inspecteurs généraux passeraient deux fois la revue par année, des légions dont ils auraient la surveillance.

Le soldat admis dans une légion ne devrait pas, en cas de rappel, être nécessairement renvoyé dans le régiment où il aurait reçu son éducation ; il pourrait l'être dans tout autre que désignerait le ministre et, pour épargner la dépense et le temps du voyage, dans le régiment qui se trouverait le plus rapproché de la légion à laquelle il appartient. Si ce régiment était dans le cas de recevoir des soldats déjà instruits, le changement du signe indicateur du numéro serait le seul à faire, l'uniforme étant d'ailleurs le même dans tous les régiments de la même arme.

Divers moyens peuvent être employés pour conserver dans les légions départementales l'esprit et le caractère de leur destination, pour y rappeler sans cesse que ceux qui les composent sont soldats et sous les armes, et que, tout en se livrant aux occupations et aux travaux de la vie civile, ils doivent se tenir toujours prêts à marcher et à entrer en campagne. En temps de paix, ces légions renferment la véritable armée nationale, instruite, habituée aux fatigues, et capable de défendre le pays ; les régiments, au contraire, ne présentent qu'une armée préparatoire, où les nouveaux soldats seraient instruits, dans les places fortes, du service et des ma-

nœuvres, et dressés à tous les exercices qui peuvent
les rendre dispos et capables de faire les marches et
de supporter les fatigues de la campagne. La guerre
survient, les deux armées changent de rôle; les régiments ne reçoivent plus de nouveaux soldats, ils
sont portés au complet avec des soldats tirés des
légions, qui sont instruits et tout prêts. On met en
activité, dans les légions, des bataillons et escadrons
qui reçoivent les nouveaux soldats pour les instruire,
et qui remplacent dans les casernes les régiments de
la première armée qui sont entrés en campagne; les
cadres des légions éprouvent de grands changements, mais comme ils sont principalement formés
avec des officiers en retraite ou en non-activité, qui,
ayant des propriétés ou des établissements dans le
pays, consentiraient volontiers à y continuer leur
service, ces cadres, tout en perdant les officiers disponibles et une partie de ceux en non-activité, conserveraient leur consistance d'autant mieux que les
pertes qu'ils auraient faites seraient bientôt réparées
par les officiers et sous-officiers que la guerre leur
enverra, blessés ou convalescents; d'ailleurs, on y
emploierait autant de colonels et de lieutenants-
colonels que le besoin du service le demanderait :
ces officiers supérieurs, faisant partie du cadre
général de l'armée, pourraient en être tirés, sans
déranger aucune formation.

Les bataillons et les escadrons légionnaires mis
en activité au moment de la guerre, pour remplacer
les régiments entrés en campagne, et être chargés

de l'instruction des nouveaux soldats qui, pendant
la paix, était attribuée à ces régiments ; ces bataillons et escadrons, dis-je, seraient ce qu'étaient en
1806 les régiments provisoires formés sur les bords
du Rhin, sous les ordres du maréchal Kellermann,
et qui fournirent de si bons soldats à l'armée qui, au
mois d'octobre de cette année, conquit la Prusse.
Ces nouveaux soldats arrivèrent dans les régiments,
dont ils composèrent plus de la moitié, armés, équipés, et parfaitement instruits ; aussi, quelques jours
après leur arrivée, ils furent victorieux sur tous les
points. On les vit, sur le plateau d'Auerstædt, braver
et repousser les charges renouvelées de la cavalerie,
sans en recevoir un seul coup de sabre.

Ainsi l'organisation que je propose est expéri-
mentée, ce n'est que le développement et l'application de la pensée du conquérant de l'Europe ; la
prudence commande, je crois, de rechercher ces
pensées qui ont ébranlé le monde, et dont la tradition peut être le salut de la France ; cette organisation a quelque ressemblance avec les milices pro-
vinciales ; la différence est bien grande pourtant : les
milices ne fournissaient que des hommes sans instruction aux régiments dont les pertes devaient
être réparées, les légions ne leur enverront au contraire que des hommes instruits et capables d'entrer
en campagne ; les milices n'étaient point encadrées,
ce n'étaient que des hommes désignés par le sort, ce
n'étaient pas des soldats élevés dans un corps organisé.

La question que je m'efforce de résoudre est celle-ci : il faut que la France ait une armée active, toujours prête à combattre, de quatre cent mille hommes, et pourtant elle ne peut en entretenir que cent cinquante mille pendant la paix; dans ce cas, il est certain que l'armée entretenue doit être chargée de l'instruction, et que par conséquent la véritable armée de guerre sera celle instruite, qui ne sera pas entretenue pendant la paix, mais qui, au moment de la guerre, pourra être levée en tel nombre que les circonstances l'exigeront; et au signal de guerre, on mettra en activité de nouveaux instructeurs tirés des légions, les régiments dont les cadres se complètent recevront les soldats instruits; de sorte que l'armée de réserve devient l'armée de guerre par son incorporation dans les régiments, tout en les remplaçant par les nouveaux corps formés avec ses officiers pour l'instruction de nouveaux soldats.

On objectera que les officiers des régiments se fatigueront et se dégoûteront de n'avoir en temps de paix que de nouveaux soldats à commander et à instruire; la réponse est facile : les jeunes officiers devront n'obtenir de congé qu'après trois années consécutives passées sous les drapeaux, dans l'occupation d'instruire les soldats; en second lieu, l'avancement au choix sera donné en temps de paix aux officiers qui se livreront à l'instruction, qui sera le principal moyen de s'acquérir des mérites et des droits, soit dans les régiments, soit dans les légions.

jusqu'à ce que l'heure des combats vienne à sonner. Un grand résultat de cette organisation serait que dans tous les instants, dans quelque situation qu'ils se trouvassent, tous les officiers de l'armée, quelques grades qu'ils aient, auront un service à rendre, une occupation et des devoirs à remplir, à moins que l'âge et les infirmités n'aient anéanti toutes leurs forces physiques et morales.

Afin que l'armée de réserve instruite et encadrée dans les légions se tienne en haleine, et que les soldats ne puissent oublier un instant qu'ils ne sont qu'en congé révocable à volonté, il serait à propos de rassembler subitement un ou plusieurs bataillons et escadrons, qui seraient envoyés dans une place pour y faire le service, dans un camp pour des manœuvres, sur la frontière pour en occuper les avenues, ou qui seraient chargés de quelques-uns de ces grands travaux qui ont rapport à la défense de l'État; je crois qu'il serait bien de préférer, pour les travaux, les hommes de bonne volonté, en les suppléant par ceux que désigneraient l'ordre d'un tableau ou le sort.

Cette organisation serait plus simple, moins compliquée que celle des landwehrs allemandes, aurait les mêmes avantages, et pourrait en procurer de plus grands, en se pliant mieux à toutes les circonstances que les dangers ou les besoins de l'État font naître.

Je n'entrerai pas dans de plus grands détails d'exécution, mon but n'étant que d'énoncer le principe. S'il est clair et évident, les règlements qui en

dérivent sont faciles à faire ; mais il faut qu'ils res-
sortent d'examens, de discussions et d'expériences,
qui ne peuvent avoir lieu qu'autant que le principe
serait adopté.

Je passe à l'organisation de la seconde armée,
celle qui doit remplacer dans les places fortes l'armée active lorsque celle-ci est appelée par la guerre
sur les champs de bataille : son organisation doit
être appropriée à sa composition et à sa destination,
quoique toujours soumise à la première nécessité
d'une armée, celle de la discipline et de la subordination.

Le tribut imposé à la jeunesse française serait
léger en temps de paix, puisqu'il ne serait que de
trois années employées en exercices militaires, et de
cinq ans passés dans la famille, mais dans l'assujet-
tissement à un rappel, et à quelques inspections qui
doivent plutôt paraître un plaisir, une satisfaction
de la vanité qu'une peine. D'ailleurs, tout en se pré-
parant à combattre, et se tenant prêt à obéir à l'ordre
qu'il en recevrait, le soldat continue les occupations
que le sort lui a destinées, et ne perd aucune ressource pour son établissement. Si la guerre se dé-
clare, le tribut sera plus pénible ; mais aussi une
nouvelle carrière est ouverte, qui se terminera par
des récompenses honorifiques : une pension ou une
gratification qui servira à procurer au jeune guerrier
le moyen de s'établir. Le tribut imposé à l'âge mûr
pour la défense de la patrie doit être moins pénible
encore : on ne demande que quelques mois de cou-

rage et de dévouement, sans grande fatigue et sans privation, à celui que le sort ou une convention volontaire aura désigné; car il faut laisser les intérêts et les volontés se combiner ensemble. S'il faut un homme sur dix ou sur vingt, il est préférable que le choix de cet homme résulte plutôt de sa volonté, de son courage et des avantages qu'il obtiendra en se dévouant au service, que du sort, qui peut tomber sur celui qui y serait le moins propre. Le gouvernement pourrait peut-être intervenir dans ces sortes d'arrangements, afin de procurer à celui qui l'aura servi un avantage qui se répande sur toute sa vie, et afin de pouvoir plus facilement conserver à son service ceux dont il serait content, dont l'instruction serait faite, la conduite et la capacité reconnues.

Il me paraît que l'armée destinée à la défense des places doit aussi être organisée en légions. Dans chaque département, quelle que soit sa population, il pourrait y avoir une légion; chaque arrondissement aurait un bataillon d'infanterie, un escadron ou une compagnie de cavalerie, une section ou une escouade d'artillerie; car toutes les armes concourent à la défense des places; d'ailleurs, tous les soldats de la légion devraient être exercés au service du canon comme au maniement et au tir du fusil. Les emplois d'officiers seraient donnés, les uns par le roi, les autres, et ce serait le plus grand nombre, seraient laissés au choix des compagnies. Cette faveur qui leur serait accordée est de la plus haute importance; car elle contribuera à la considération que les citoyens auront pour ces emplois; il est nécessaire qu'ils soient vivement désirés et recherchés; car c'est dans l'agitation et le mouvement imprimé aux vanités que l'institution puisera ses forces, le désir de sa conservation et le moyen de remplir sa destination. Cette institution se rattache au régime municipal, qui est à créer, pour défendre et faire comprendre la charte; c'est par elle et par l'institution de la garde nationale que l'on parviendra à raviver cet esprit guerrier, noble héritage de nos ancêtres, ce sentiment conservateur qui fait considérer et rappelle dans tous les instants aux citoyens que la défense de la patrie est le premier de tous les devoirs, et la paix de l'État le premier de tous les besoins; que le roi est l'image et le représentant de la patrie, le protecteur de son indépendance et de ses libertés.

La garde nationale doit aussi élire un grand nombre de ses officiers; les autres doivent être désignés par le roi; quelques emplois doivent appartenir, comme un droit de la propriété, aux plus riches et aux plus notables propriétaires; c'est ainsi que l'on imprimerait à cette institution l'esprit de la charte et le sens de toutes ses dispositions. La charte est une réunion de digues élevées entre les pauvres et les riches, entre ceux dont les travaux manuels emploient toutes les facultés, et les hommes que l'ambition et l'avarice agitent, derrière lesquelles chacun trouve protection, et qu'aucun ne peut franchir. Tout ce qui doit s'élever sur cette base du nouvel ordre social doit en conserver l'empreinte, comme l'on voit la construction d'une ruche d'abeilles se conformer à la trace que le hasard ou la main de l'homme a faite : ainsi, dans l'institution de la garde nationale, comme dans le régime municipal, comme dans la loi fondamentale de l'État, le pouvoir royal doit s'appuyer sur les plus notables propriétaires, ainsi que sur les élus du peuple.

Si les remplacements peuvent être favorisés et même dirigés par le gouvernement dans l'armée active et dans l'armée des places, il me paraît qu'ils doivent être restreints dans la garde nationale, chargée de maintenir la paix des foyers, qui n'a ni déplacement à craindre, ni fatigue à supporter, dont les citoyens qui ont dépassé l'âge de quarante-quatre ans sont exempts, et dont enfin l'esprit est de conserver le bon ordre avec l'aide de ceux qui y sont le plus intéressés.

De l'Esprit militaire.

Que servirait à la France une armée nombreuse, dont l'organisation, forte dans ses éléments, simple dans ses ressorts, donnerait le moyen d'opposer la vitesse à la masse ; le talent et l'inspiration à l'ignorance et à la routine ; la discipline de l'honneur à la discipline du bâton, si le feu sacré s'éteint, si cet élan sublime qui fait dévouer sa vie à la douleur, à une mort précoce, aux privations, aux dégoûts de la subordination, à l'humiliation d'une discipline passive, à l'abnégation entière de soi-même pour la gloire et le salut de l'État; si ce noble élan, dis-je, ne pénètre plus dans des cœurs glacés pour la patrie et flétris par l'égoïsme ! Nous opposerions vainement nos sciences et nos richesses à ces peuples dont le climat glacé et la pauvreté ont conservé la vigueur; qui toujours prêts à combattre, parce que la guerre améliore leur existence, sont toujours menaçants; ils ont non seulement la force matérielle, mais encore la force que procurent les sciences nées de la civilisation, qui ne devraient servir qu'à sa défense et à sa conservation; ce n'est qu'en préparatifs de guerre que leurs princes emploient les ressources dont ils disposent. Pourrions-nous sommeiller, tandis que tout est en armes autour de nous, et que nous sommes seuls contre tous ! La mer est soumise à nos rivaux; un peuple qui fut longtemps notre ami se déchire les entrailles ; d'autres peuples, qui parurent avec gloire près de nous dans les combats, sont aujourd'hui courbés sous un joug de fer et de plomb. Nous sommes seuls avec les souvenirs de notre gloire ; mais le sang du Gaulois valeureux et du Franc indomptable qui coule dans nos veines ne peut dégénérer, et notre belle patrie, qui a pu éprouver des revers, ne peut cesser d'être l'appui et le modèle de l'Europe par les armes comme par les lois et par les sciences.

Cependant évitons de nous confier au prestige de nos souvenirs, examinons avec calme et froidement si le bonheur, les richesses et tous les biens dont nous jouissons, ne peuvent nous entraîner dans cet affaissement moral qui a fait périr tant de nations, qui, comme nous, comptèrent aussi des jours nombreux de gloire et de puissance. Si on consulte l'histoire, elle est désolante ; car elle démontre que la profession des armes fut dédaignée par les citoyens et abandonnée à des mercenaires partout où le commerce et l'industrie élevèrent les peuples à de grandes richesses. Rome même, enrichie par la guerre des dépouilles du monde, eut recours pour se défendre à des barbares qui se partagèrent les lambeaux de son empire immense. Une nation moderne semble seule faire exception : l'Angleterre est demeurée guerrière malgré ses arts ; ses citoyens, et surtout les plus notables d'entre eux, se livrent à la profession des armes, qu'ils considèrent comme la première et la plus honorable. L'établissement des milices nationales dans ce pays me paraît être la cause de cette exception, autant que l'empreinte du régime féodal qu'une révolution moins complète que la nôtre n'a pu effacer. Ce fut la noblesse, avec l'appui des communes, qui combattit pour la liberté, qui l'obtint, qui régla les conditions du pacte social, et posa les limites du pouvoir royal ; sacrifiant celles de ses prérogatives qui pouvaient nuire à l'affranchissement général et à la prospérité de tous, elle en conserva la première et se maintint au premier rang des défenseurs de l'État.

Notre révolution, au contraire, s'est faite contre la noblesse ; aussi elle n'a rien laissé subsister du régime féodal, dont les souvenirs et les derniers rudiments s'effacent chaque jour ; la trace en est irrévocablement perdue. Cependant l'esprit militaire que nos ancêtres nous ont transmis avec leur sang n'a rien perdu de sa vigueur et de son énergie : pouvait-il s'affaiblir, lorsque la France se couvrait d'une gloire telle qu'elle fait pâlir les gloires passées, et qu'elle rend presque impossibles les gloires futures ? Vainement l'envie a voulu la ternir, et la haine imprudente nous en punir ; nos princes, avec tous les bons Français, ont repoussé ces passions funestes, et la gloire de nos batailles a conservé son éclat ; elle demeure l'auxiliaire de l'amour de la patrie. Ces deux sentiments, tout-puissants sur les cœurs français, peuvent s'y conserver par l'établissement d'une armée et d'une garde nationale où tous les citoyens trouveront la considération, qui est la noble et unique récompense des sacrifices et du dévouement à la patrie.

Une nouvelle ère a commencé, un peuple nouveau s'établit sur le terrain où la noblesse féodale et le Tiers État se sont livré de si rudes combats ; le donjon et la hutte du serf sont également réduits en poussière, aucune puissance humaine ne peut les relever ; ce serait même un attentat que d'en concevoir la pensée, car le but est atteint ; en deçà et au delà il n'y a que désastres et malheurs ; les beaux noms, protégés par des services, conserveront leur illustration, pourvu qu'à chaque génération elle soit ravivée, comme la lampe dont l'éclat se perd si l'huile qui l'alimente n'est pas renouvelée. Mais la friperie féodale n'a plus de marché, elle a perdu son cours et sa valeur ; les distinctions ne peuvent plus être que le prix des services et du dévouement. Une vaste carrière est ouverte à tous les mérites, nous devons donc chercher tous les moyens de conserver notre belle France dans cet état prospère où la Providence l'a élevée, non dans les souvenirs d'un temps inconnu aux générations qui dominent aujourd'hui, mais dans notre charte et les mœurs qui la gardent, qui se forment pour elle et autour d'elle. Les institutions des deux Chambres, du régime municipal, des armées actives et de réserve, de la garde nationale sont les colonnes du grand édifice dont le pouvoir royal est le faîte ; elles doivent le soutenir, comme il doit les garantir ; la paix, l'indépendance de l'État et le bien-être des citoyens en seront le ciment. Si cet édifice est construit dans le but d'assurer sa durée, plutôt que dans la pensée de satisfaire à des exigences du moment, il aura les proportions et la solidité suffisantes pour lui faire braver le temps ; car les hommes ne se trompent pas quand ils suivent de bonne foi l'inspiration de la nécessité et des convenances ; les désastres ne proviennent que du délire de l'imagination, et d'espérances mal conçues.

En France, l'armée doit être considérée comme une députation chargée de la défense commune ;

les citoyens qui la composent, classés et désignés d'après leur destination, doivent, lorsqu'ils ont rempli leur mission et qu'ils rentrent dans leurs foyers, y trouver accueil et témoignage de l'estime générale. Dans les fêtes, les assemblées et les cérémonies publiques, une place honorable doit leur être réservée ; partout le vétéran doit remarquer qu'il est au nombre des premiers citoyens ; que ses services lui ont acquis une autorité morale, une dignité personnelle ; c'est ainsi qu'il fera renaître une noble et utile émulation parmi les jeunes gens, qu'il pourra leur transmettre les traditions guerrières ; c'est ainsi que, dans le régime féodal, la profession des armes n'avait point de rivalité à craindre dans l'estime publique, et que celui qui en portait les insignes était partout honoré. Il est encore d'autres sources où l'esprit militaire peut puiser une vie et une énergie toujours nouvelles, d'autres foyers où le feu sacré peut s'alimenter.

De l'Avancement.

L'avancement, qui est une récompense et un avantage pour celui qui le reçoit, est aussi une charge et un dépôt ; ce sont des désastres, c'est le sang du soldat qui expient les fautes de l'officier et l'erreur d'un mauvais choix : il en coûte cher à une nation pour l'éducation des chefs de son armée, il faut bien du sang versé inutilement pour reconnaître l'officier digne de confiance, et pour lui faire acquérir l'expérience qui fait obtenir des succès avec le moins de perte. Cependant, comme l'organisation de l'armée a une immense influence, qu'elle peut suppléer, en quelque sorte, au manque d'expérience par la prudence des règles ; si cette organisation est telle, que l'homme borné, mais dirigé par une bonne méthode, ne puisse faire que ce que ferait l'homme le plus intelligent et le plus expérimenté, il en résultera que le poids d'un grade pourra être supporté par un plus grand nombre, que la confiance du gouvernement pourra se répandre avec moins de risque, qu'il pourra donner davantage à l'ancienneté, et porter dans ses choix une moins grande attention.

Il est difficile d'assigner à quel grade l'avancement par ancienneté doit s'arrêter ; l'Europe est encore dans l'étonnement et la stupéfaction des prodiges opérés par des soldats, par de jeunes officiers, ou de simples citoyens, que la nécessité et le sort avaient placés à la tête de grandes armées ; mais ces hommes extraordinaires font exception, et il n'est pas moins certain que, faute de connaissances acquises dans la première jeunesse, et de méthode pour se rendre compte de son expérience, un homme ne peut guère parvenir à la supériorité que réclame le commandement. Il faut faire la part des événements qui ne se renouvellent qu'à des époques éloignées, mais il ne faut pas y chercher les bases d'un règlement.

Les deux tiers des emplois inférieurs à celui de

lieutenant-colonel devraient, ce me semble, être donnés à l'ancienneté du grade, et si les colonels et les lieutenants-colonels faisaient partie du cadre de l'armée, et n'appartenaient plus aux régiments, s'ils ne recevaient de commandement que par lettres de service renouvelées chaque année, je crois qu'il n'y aurait aucun inconvénient à accorder à l'ancienneté la moitié de ces emplois ; que même la moitié des généraux devrait parvenir à ce rang par ancienneté ; qu'il y aurait équité et prudence, sans aucun risque, puisque le gouvernement demeurerait le maître de n'employer que ceux de ces officiers supérieurs ou généraux qu'il saurait mériter sa confiance, et de ne leur confier que les commandements dont il les connaîtrait capables. L'émulation s'en accroîtrait ; la faveur et la corruption, ces ennemies mortelles de toutes les institutions, perdraient de leur influence sur les promotions ; la part laissée au choix tomberait plus certainement sur les services distingués et sur les talents manifestés.

Il est utile d'établir un certain nombre d'échelons pour monter d'un grade à un autre, afin de réprimer les ambitions impatientes, et pour que le gouvernement ait le temps de s'assurer de la capacité de chacun. L'esprit de l'homme est ainsi fait, qu'il n'envisage, en s'élevant, que ce qui est immédiatement au-dessus de lui, et qu'il franchit chaque obstacle avec une égale satisfaction ; d'ailleurs, ce n'est que justice d'établir deux classes dans la plupart des grades, puisque le nouveau promu n'a pas les mêmes mérites acquis que l'ancien, et qu'il est convenable de laisser subsister quelque différence entre eux, dans la solde et dans les insignes. Cependant il ne faut pas que ces classes et cet intervalle de temps assigné pour passer de l'une à l'autre puissent comprimer l'essor d'un beau génie, retarder la récompense d'une belle action et nuire au développement d'un rare talent; mais que ces heureuses exceptions soient prévues, constatées avec éclat, et qu'elles ne fassent que confirmer la règle.

Le choix des sous-officiers et leur avancement mérite toute l'attention du gouvernement. Préposés au commandement immédiat des soldats, et vivant constamment avec eux, les sous-officiers doivent être leurs modèles en courage, en subordination, en politesse, en bonnes mœurs, enfin, dans l'accomplissement de tous les devoirs. Un sergent-major remplit près du capitaine l'office de chef d'état-major : c'est par lui que tous les ordres sont transmis, et c'est sous sa surveillance que les sergents et les caporaux les exécutent. Le grade de sous-officier est inférieur, mais son service est de la plus haute importance. Pour qu'il l'apprécie et s'en persuade, il faut lui montrer de la considération, et porter dans le choix qui l'élève et dans son avancement beaucoup de soin, d'attention et même de solennité. La promotion ou la destitution d'un sous-officier ne devrait peut-être se faire que par un conseil composé des officiers de la compagnie, de l'adjudant-major, présidé par le chef de bataillon, et près duquel le

sergent-major ou le plus ancien sergent remplirait
les fonctions de rapporteur. Un habit d'un drap plus
fin que celui de l'habit du soldat, une épée à peu
près pareille à celle des officiers, quelques fils d'or
ou d'argent dans les épaulettes des sergents seraient
des distinctions qui, sans trop les rapprocher des
officiers, serviraient à les rehausser au-dessus des
soldats.

Il y avait autrefois, entre les officiers et les bas-
officiers, toute la distance qui existait entre la noblesse, la haute bourgeoisie et les laboureurs et
artisans. Aujourd'hui le sous-officier est ce qu'était,
dans le moyen âge, le page, le varlet, l'écuyer ; c'est
un apprenti officier qui a, comme l'a dit si heureusement Louis XVIII, un bâton de maréchal de
France dans sa giberne. La considération accordée
à un sous-officier doit être telle, qu'elle puisse décider un jeune homme qui a reçu une bonne éducation, à continuer son service et à attendre dans
ce rang le grade d'officier, soit du choix, soit de
l'ancienneté ; sinon, aussitôt que la loi le lui per-
mettra, fût-il même sergent-major ou adjudant, il
s'éloignera de l'armée et ira chercher ailleurs une
existence plus lucrative et plus considérée. Cependant le service si dur de l'infanterie, si fatigant
pendant la guerre, exige qu'un bon nombre de ses
officiers aient acquis, par les habitudes de leur jeunesse ou du service, la force nécessaire pour supporter les privations et les fatigues. Les élèves des
écoles militaires, dont l'enfance et la jeunesse ont

été entourées de soins, n'ont pas tous la force et la
volonté de les endurer ; d'ailleurs, les connaisances
qu'ils ont acquises les portent, autant que leur goût,
au service de l'état-major. Je ne présume pas que
jamais on puisse tolérer que les officiers d'infanterie,
autres que les officiers supérieurs ou quelques vieux
capitaines, aient un cheval et d'autres bagages que
les plus indispensables, et qu'ils soient dispensés de
marcher à pied à la tête de leurs pelotons ; cette
tolérance serait des plus funestes, car une malheu-
reuse expérience a prouvé que les grands bagages,
à la suite d'une armée, étaient un indice certain de
défaites inévitables. Les Romains les nommaient
empêchement, impedimenta.

Quelque heureuses que soient les expressions de
Louis XVIII, quelque convenance qu'elles aient
avec l'état social actuel de la France, il faut pourtant
se bien garder de les prendre à la lettre ; le bâton de
maréchal de France est un quine, ou tout au moins
un quaterne, à la loterie militaire ; or, comme l'ambition et l'avarice sans bornes ne peuvent séduire
que des insensés, il faut présenter à l'émulation des
buts plus rapprochés et plus convenables au bon
ordre et à la raison ; car l'homme sage ne court
point après des chimères, et, avant que d'entrer dans
la lice, il veut en comparer l'étendue avec ses forces
et ses moyens. Il faut donc placer à différentes distances de la carrière militaire plusieurs statues du
dieu Terme, près desquelles l'athlète pourra termi-
ner sa course, ou s'arrêter pour reprendre haleine,

et les forces qui lui seront nécessaires pour la recommencer. Ces haltes seraient, pour les sous-officiers, les grades de sergent-major et d'adjudant (1) ;
pour les officiers inférieurs, les grades de capitaines
et de chefs de bataillon ; pour les lieutenants-colonels et les colonels, le grade de maréchal de camp ;
ainsi, le sergent-major, et surtout l'adjudant, devraient avoir une solde supérieure comme leur rang,
à celle de sergent ; l'adjudant tiendrait le milieu
entre les officiers et les sous-officiers, avec lesquels
il conserverait l'habitude de vivre, et ses relations
sociales. Les appointements du capitaine devraient
approcher du double des appointements du lieutenant, ce qui élèverait son rang dans la même pro-
portion, et établirait une limite pour le plus grand
nombre. Le grade de maréchal de camp, envisagé
comme l'apogée de l'ambition militaire, obtiendrait
une importance et une considération capables de satisfaire l'orgueil ; dès lors, le rang de lieutenant
général et la dignité de maréchal de France, magnifique récompense des plus éminents services, appa-
raîtraient dans un grand éclat à l'extrémité de la
carrière, comme un but accessible, mais qui ne
pourrait être atteint que dans les circonstances
les plus favorables par les talents les plus rares, et
par des efforts presque surhumains ; alors chaque

____

(1) Je propose, dans la partie de cet écrit qui traite de l'organisation des bataillons, de créer un adjudant par compagnie, qui
y ferait l'office de 4e officier.

ambition obtiendrait un but. Combien de familles en France ne comptent, dans une longue suite de générations dévouées à la profession militaire, que quelques officiers supérieurs ou généraux, que la guerre avait élevés; l'état de paix ramène la nécessité de restreindre les espérances, et d'y soumettre l'ambition; d'ailleurs, dix, quinze années d'un service de paix peuvent-elles être comparées aux fatigues, aux privations, aux chances d'une seule campagne active, féconde en combats et en batailles; je sens combien il est pénible, pour des hommes vaillants et généreux, de consumer, dans l'attente d'une occasion de se signaler, les plus belles années de la vie; mais qu'ils considèrent, s'ils aiment réellement leur patrie, tous les maux que la guerre lui causerait, et qu'ils se consolent de ne pouvoir verser leur sang pour elle, par la pensée que leur patience et leur attitude guerrière lui est peut-être encore plus utile, en effrayant ses ennemis, en leur enlevant toute espérance de succès par la force des armes.

Des Décorations.

Les décorations sont l'un des moyens les plus puissants dont les gouvernements disposent, à l'époque actuelle, pour exciter l'émulation et le dévouement au service et à la gloire de la patrie, dont ils sont les protecteurs. Les décorations sont des talismans, dont le charme est dans le mérite de celui qui les obtient et dans la prudence du prince qui les accorde. On peut les comparer à ces remèdes héroïques, qui ravivent l'énergie en rappelant la chaleur dans le cœur, mais qui exigent de celui qui les emploie un coup d'œil sûr et un tact parfait ; les décorations manifestent à tous les regards la prééminence du dévouement, des services, des grands talents, sur l'orgueil de la naissance et le faste de la fortune ; elles reportent vers le mérite la considération publique, qui, chancelante et entraînée par la richesse ou des passions ignobles et éphémères, déviait du chemin de l'honneur.

Aucune institution ne montre mieux que celle des ordres civils et militaires les mœurs de l'époque de leur création ; ils sont tous fondés dans l'une des transitions de l'ordre social, et ils en portent l'empreinte ; il suffit, pour s'en convaincre, de parcourir quelques pages de l'histoire : cet examen de quelques instants servira aussi à faire remarquer l'élévation où nous sommes parvenus dans la civilisation.

Lorsque le duc de Bourgogne institua l'ordre de la Toison-d'Or, il demeurait le seul rival redoutable du roi de France ; la puissance des possesseurs de fiefs était abaissée, et l'anarchie féodale était à son déclin : ce n'est plus un chevalier qui, par une accolade, se fait un égal de son serviteur, mais un grand prince qui crée pour ses confédérés un signe d'alliance dont il fait aussi la récompense de ses serviteurs, sans égard à leur naissance, et soit qu'ils l'aient servi de leurs épées ou de leurs conseils. Charles VII avait organisé une armée permanente, pour suppléer au service éphémère des vassaux, et remplacer ces compagnies, d'horrible mémoire, qui semblaient n'être armées que pour le pillage et le massacre des habitants paisibles. Son successeur institua l'ordre de Saint-Michel, dont il distribua les insignes aux chefs de son armée et à ceux dont il estimait le secours et les services; cet ordre éleva de nouvelles supériorités sociales, rallia plus intimement les soutiens du trône, et contribua à l'affermissement de l'autorité royale que les peuples invoquaient, et qu'une armée soldée et organisée régulièrement devait désormais défendre. Dès ce moment, le mérite et les bons services prévalurent souvent sur la haute naissance et sur les richesses; de simples gentilshommes commandèrent à des princes; une chaîne d'or, un ruban firent monter sur les degrés du trône le talent et la vaillance. Dès cette époque commença la révolution qui a renversé l'usurpation féodale. L'ordre du Saint-Esprit, pâle imitation des deux ordres précédents, dut son lustre, non au roi faible qui l'institua, mais au grand roi qui l'adopta; ses insignes servirent aussi souvent de récompense au mérite; il contribua à l'abaissement des plus grands seigneurs, dont il rendait de simples gentilshommes les égaux. De nos jours, cet ordre a perdu sa dernière empreinte de féodalité.

Nous arrivons à l'époque la plus remarquable et la plus caractéristique de la grande révolution, c'est celle de la création de l'ordre militaire de Saint-Louis. Déjà les grands seigneurs ont perdu le pouvoir de braver le trône et de désoler les provinces; déjà il ne suffit plus, pour la considération, de compter un grand nombre d'ancêtres dont les noms soient connus; il faut, pour y parvenir, avoir servi le roi, être ou avoir été du nombre des défenseurs de l'État; l'État et le roi sont identiques dans ce sens que tous les princes rivaux de son autorité ont perdu leur puissance, que toutes les provinces sont rentrées dans le sein de la France, qui triomphe avec son roi de l'anarchie féodale, dont l'orgueil est livré au ridicule. L'ordre de Saint-Louis, institué pour faire reconnaître les hommes qui avaient à la considération publique des droits réels et acquis par les services militaires, acheva d'abolir les traditions de l'antique chevalerie, dont le nom même changea de signification, et ses statuts déterminèrent les droits à l'estime, sans égard pour les prérogatives et les prétentions de la noblesse; ils ouvrirent une nouvelle route pour y arriver, la véritable route.

Tandis que la féodalité était dépouillée, dégradée et avilie par nos rois, un ennemi non moins puissant sortait du néant pour l'accabler : l'industrie, le commerce et le raisonnement répandaient la richesse et développaient dans toutes les classes des sentiments généreux; les domaines changeaient de possesseurs, la population s'accroissait, la violence était devenue odieuse, l'humiliation insupportable, et l'ordre dans toutes choses une nécessité. Ces circonstances amenèrent à une crise dont l'heure sonna; elle fut violente, elle fut horrible; toutes les féodalités de l'Europe surprises se réunirent contre nous, il fallut combattre et vaincre, nous eûmes la victoire; heureusement elle ne changea de parti qu'après que le nouvel ordre social que le temps avait préparé, que le génie avait constitué, eut pris des racines et une force telle qu'il pût résister. Si la victoire eût été plutôt infidèle à la France, les petits-fils de Henri le Grand et le bon roi n'eussent pu peut-être conjurer sa ruine et la sauver de sanglants déchirements.

La Légion d'honneur, si heureusement nommée, fut l'une des grandes institutions de cette époque; aucune dans ce grand renouvellement ne caractérise mieux, ne montre plus fidèlement l'état des mœurs et les besoins du nouvel ordre social établi pour le bonheur et la prospérité de tous, et qui repousse l'orgueil, l'avidité et les privilèges. La Légion d'honneur ne distingue plus le service militaire de tous autres rendus à la patrie, elle offre ses insignes à qui s'en rend digne : par les armes, par les sciences, par l'administration, par l'agriculture, l'industrie et le commerce, enfin, par tout ce qui est bon, utile, nécessaire, glorieux et honorable, et qui, par conséquent, contribue au salut, à la gloire et à la prospérité de l'État. La même récompense, le même signe d'honneur est accordé au soldat qui s'est précipité dans le danger, à l'officier qui s'est signalé sur le champ de bataille, au citoyen qui a reculé les bornes de la science et agrandi l'intelligence humaine, à l'homme qui a découvert de nouvelles sources de prospérité. Cette institution fut enviée par les peuples de l'Europe et obtint l'amour et l'estime des Français dès sa création; tant est grande, admirable et bien adaptée aux mœurs et à l'esprit de notre temps la pensée qui y présida. On ne demande point à celui qui se présente pour y être admis quelle est sa naissance, mais quels sont ses services, et les mérites qu'il a; ces services, ces mérites sont appréciés d'après l'avantage qu'ils procurent à la société; ainsi, celui qui a versé son sang et qui s'est dévoué à la conservation de l'État a pu acquérir dans un instant les mêmes droits que celui qui a employé toute sa vie à des travaux qui n'ont contribué qu'à sa prospérité.

Je suis entré dans ces considérations historiques, pour bien constater le but qu'atteignent les deux grandes institutions destinées à entretenir en France l'émulation parmi les militaires et les citoyens. L'ordre de Saint-Louis, plus particulièrement destiné à faire honorer la profession des armes, proclame que celui qui est revêtu de ses insignes a bien servi pendant vingt-cinq ans, et, s'il est jeune, qu'il a fait une belle action militaire, ou des campagnes qui ont été ajoutées à ses années de service.

L'ordre de la Légion d'honneur est la réunion de tous les citoyens, soit qu'ils suivent la carrière des armes, ou toute autre carrière honorable, qui ont rendu des services signalés, ou qui par de grands

talents honorent la France ; celui qui porte ses insignes est un citoyen distingué entre les Français,
est un homme notable par ses services civils ou militaires, ou par des talents éminents.

Il m'a paru qu'il était avantageux de bien montrer
la distinction qui existe entre les deux ordres, parce
qu'il faut s'efforcer de conserver la pensée des
grands hommes, et de la sauver du délire des passions, parce que quelques militaires, dominés par
d'anciennes traditions, regardent la Légion d'honneur comme un second ordre militaire, et désireraient que les citoyens en fussent exclus. Ils n'aper-
çoivent pas que c'est l'admission même des citoyens
illustres et notables dans cet ordre qui le rend si
cher à toute la nation, et qui élève si haut les militaires décorés de ses insignes ; c'est sans doute un
grand mérite que d'avoir dévoué au service de la
patrie vingt-cinq des plus belles années de la vie ;
mais une belle action, un talent supérieur qui exigent
des circonstances si rares, si favorables, et l'inspiration pour en profiter, ne sont pas un mérite moins
grand. L'ordre de Saint-Louis est une faveur spéciale accordée à la profession des armes, qui est,
sans contredit, la plus honorable de toutes, puisque
le sacrifice de la vie est le plus grand que l'on puisse
faire à la patrie, dont la conservation et l'indépendance sont les premiers de tous les biens.

L'institution de la Légion d'honneur rappelle sans
cesse à l'armée qu'elle n'est qu'un détachement de
citoyens chargés de la défense commune, et que la

patrie porte indistinctement au premier rang ceux qui rendent les meilleurs services.

Telles sont ces grandes et nobles institutions que l'antiquité n'a pas connues, que la nécessité a créées, et que la civilisation a adoptées ; elles sont fécondes en grands sentiments, en actions généreuses ; elles maintiennent l'équilibre entre l'amour de la justice et de la gloire, le dévouement à la patrie et l'opulence que leurs insignes font pâlir ; elles aident l'homme d'honneur, que la fortune a dédaigné, à conserver sa fierté. Mais pour qu'elles procurent ces grands avantages à la société, il ne faut pas que la faveur et la corruption puissent s'interposer dans la distribution des distinctions et des récompenses dont ces institutions sont la source, que ces poisons infecteraient et tariraient ; pourtant il est bien difficile de les en préserver, car ces ennemis s'attachent à tous les gouvernements, comme les insectes qui naissent sur une plante pour la dévorer.

La justice est le premier des attributs divins, c'est la base fondamentale de l'ordre, et le plus grand besoin des peuples et des rois. Les rois sont naturellement justes, parce que, de la sommité où ils sont élevés, ils peuvent voir les intérêts et les passions se débattre, sans pouvoir les atteindre ; comme les voyageurs qui, parvenus à la cime d'une haute montagne, regardent sans émotion les éclats de la foudre et les nuages se heurter sous leurs pieds. Le citoyen qui fait des vœux pour que les rois soient toujours justes pourrait-il craindre d'indiquer les moyens qu'il croit pouvoir les aider à remplir leur haute destinée ?

Il me semble que les prétendants à l'admission dans l'un ou l'autre des deux ordres institués en France pour y conserver l'émulation, devraient être tenus d'en faire la demande, et d'y exposer leurs droits avec précision et avec preuve ; parce que celui qui ne rougirait peut-être pas de recevoir une récompense qu'il n'a pas méritée, n'oserait la demander. Ces demandes seraient soumises, par les divers ministres qui les auraient reçues, à un jury qui, sous la présidence de grands dignitaires, serait composé de quelques anciens membres de celui des deux ordres dans lequel on se présenterait ; leurs noms seraient tirés, par le sort, d'une longue liste sur laquelle ils auraient été inscrits, et qui serait renouvelée chaque année. Pourquoi ne prendrait-on pas, pour constater le mérite, les mesures que la prudence et la sagesse ont inspirées aux législateurs pour constater le crime ? Ce jury ferait au président du conseil de dignitaires, sous les auspices duquel il se tiendrait, une déclaration concise, et à peu près en ces termes : *Le prétendant mérite, ou n'a pas encore le mérite suffisant.* Le conseil, après avoir joint ses observations et son opinion à chaque déclaration, les réunirait pour les soumettre au choix du roi, qui le ferait tomber sur celui qu'il jugerait en être le plus digne. Cette mesure ne serait point une restriction mise à la volonté du roi, elle ne serait qu'une nouvelle forme sous laquelle il permettrait qu'on lui fît le rapport des mérites qui seraient dignes de récompense. Quel beau spectacle que celui qu'offrirait, le lendemain d'une bataille, la réunion des généraux d'une armée ou d'une division, présidant un jury composé de braves décorés dans les campagnes précédentes, et constatant les droits que d'autres braves auraient acquis la veille ! On ne verrait plus se glisser parmi eux le secrétaire du colonel, le neveu et le protégé imberbe du général, et la faveur usurpant le prix du sang versé sur le champ de bataille ; un ministre n'oserait faire paraître devant un pareil jury l'homme qui n'aurait que son avilissement pour titre à la faveur.

Ces formes protectrices de la justice et du mérite, pour l'admission, devraient peut-être ne pas être les mêmes quand il s'agirait des promotions aux dignités des deux ordres, les services que ces dignités représentent doivent être longs et signalés ; pourtant quelques-uns peuvent appartenir au secret de l'État, et n'être connus que du roi ou de ses ministres. Toutefois la distribution des insignes, faite avec solennité, ne devrait avoir lieu qu'à l'un des grands jours de l'année, tel que celui de la fête du roi ; la gloire du récipiendaire s'accroîtrait de l'éclat de sa réception et des applaudissements du peuple, persuadé de son mérite, parce que toutes les précautions capables de le constater auraient été prises, et qu'aucun doute ne pourrait s'élever sur la justice du roi, qui aurait pris de si sages mesures pour être bien informé.

De la Non-Activité, des Pensions et des Emplois de retraite.

La considération publique, auréole radieuse sur des cheveux blanchis dans les combats, sur de nobles cicatrices, serait certainement une récompense suffisante du plus entier dévouement au prince et à la patrie, si ceux qui se dévouent étaient tous les favoris de la fortune, si elle s'attachait à la gloire, si, comme dans le régime féodal, des domaines étaient assignés aux familles qui embrassent la défense de l'État, et n'ont d'autre profession que celle des armes; il n'en est pas ainsi dans le nouvel ordre social, où le devoir de combattre pour la patrie et le prince, qui en est le représentant, est commandé à chacun comme un tribut qu'aucun privilège ne donne, dont aucun privilège ne peut dispenser; l'État doit pourvoir aux besoins, non seulement des combattants, soit qu'ils se préparent, soit qu'ils agissent, mais encore de ceux qui ont préféré l'honneur de le servir à toute autre profession; l'État doit prendre soin d'eux dans tous les instants, et lors même qu'ils ne peuvent plus lui être utiles, parce que leur sang et leurs forces sont épuisés, ou parce qu'il n'a pas d'emploi à donner à leur dévouement. Il faut que la loi protège le militaire, établisse et garantisse les conditions du contrat par lequel il s'est engagé à servir l'État, et l'État à pourvoir à son existence, à veiller sur sa famille; de sorte que le militaire, insouciant sur son avenir et celui de ses enfants, puisse abandonner toutes ses pensées, toutes ses facultés à l'accomplissement de ses devoirs ; qu'il sache ce qu'il peut espérer et ce qu'il doit craindre dans les différentes époques de son service, dans les diverses circonstances de sa vie. En embrassant la profession militaire, on lui a fait connaître les devoirs qu'il avait à remplir ; pourrait-il être trompé, après lui avoir sacrifié la plus belle partie de sa vie ou sa vie presque entière ; pourrait-il être déçu de ses espérances et être privé des récompenses qui lui ont été promises ; se pourrait-il que, victime d'une volonté arbitraire et capricieuse, il fût éloigné de la carrière qu'il aurait parcourue lorsqu'il allait en atteindre le but ?

Les droits réciproques et du gouvernement et du militaire doivent donc être déterminés par la loi d'une manière invariable, ce sont les engagements par lesquels l'un est servi et l'autre récompensé de ses services ; il faut en rechercher et en reconnaître les bases établies sur des principes qu'il est nécessaire d'exposer.

Le premier de tous, qui se rattache à la bonne administration et à l'ordre dans l'État, est que celui qui en reçoit une pension, un traitement quelconque, doit lui rendre un service équivalent, à moins que, par suite des services qu'il a rendus, il ait perdu les forces, la santé et toute capacité d'en rendre encore. En appliquant ce principe à la profession militaire, il faut conclure que celui qui l'a embrassée, qui jouit de quelques-uns de ses avantages, doit être utile tant qu'il lui reste quelques moyens de l'être, et que le gouvernement ne doit entretenir dans l'oisiveté que le militaire qui n'a plus de forces pour agir. C'est pour parvenir à l'application de ce principe dans l'armée française, que j'ai proposé l'organisation de légions départementales, et que je proposerai, dans la seconde partie de cet écrit, de ne confier les emplois de l'administration militaire qu'à des officiers, sous-officiers et soldats en retraite ou en non-activité ; de sorte qu'il y ait pour tous les âges, pour toutes les situations, jusqu'à l'agonie d'un militaire, des emplois dans lesquels il puisse se rendre utile ; de sorte qu'aucune dépense de l'État ne puisse dévier du but que toute dépense doit atteindre : le service public.

Le second principe à reconnaître, est que le service militaire, pendant l'espace de huit ans, est un tribut imposé à tout Français ; qu'il doit payer de sa personne, s'il le peut, si le danger de l'État l'exige, ou par un représentant, dans le cas et de la manière que la loi l'aura déterminé en lui accordant cette faculté. Ce tribut est léger, si le jeune homme auquel il est imposé n'est retenu que trois ans sous les drapeaux pour son instruction, s'il peut employer les cinq autres années dans les occupations et les travaux qui remplissaient sa vie avant son entrée au service, et dont une distraction de trois ans n'a pu le déranger. Pour les huit années de service ainsi employées, il n'est rien dû par l'État, puisque ce n'est qu'un tribut payé; mais si les cinq années que l'état de paix aurait laissées à la disposition du militaire, et dont il eût tiré des avantages, se sont passées en campagne et sur le champ de bataille, quoique ce ne soit encore qu'un tribut, il est équitable pourtant que l'État tienne compte au militaire de ce que le tribut a eu de plus onéreux pour lui que pour celui qui ne l'a payé qu'en temps de paix. Ainsi les cinq années de guerre doivent lui acquérir des droits à une gratification équivalente au temps qu'il n'a point employé pour son avantage personnel, comme la loi le lui aurait permis en temps de paix. Cela est dans l'hypothèse où le militaire, après avoir payé son tribut de huit ans, soit en paix, soit en guerre, demanderait son congé absolu et retournerait dans ses foyers. Dans ce cas, une gratification proportionnée aux années qu'il aurait passées au delà de trois ans sous les drapeaux, doit solder son service, et lui rendre, pour son établissement, l'avantage que lui aurait procuré son travail, s'il fût revenu, après trois ans employés à son instruction, dans sa famille, y reprendre ses occupations et ses travaux habituels.

Mais si le militaire, après avoir payé son tribut de huit ans, au lieu d'un congé demande et obtient de continuer son service, dès lors il embrasse la profession des armes, à laquelle il est admis par un contrat avec le gouvernement, dont la loi a déterminé les conditions. Le premier avantage pour lui, que lui donne ce contrat, est qu'après huit nouvelles années de service, les premières, qui n'étaient considérées que comme un tribut, seront ajoutées aux huit dernières pour lui obtenir le droit à une pension, à un emploi qui serait la récompense de seize années de service ; et si parmi ces seize années il y a des campagnes de guerre, ces campagnes compteront comme des années et seront ajoutées pour accroître la valeur de la pension et de l'emploi, laquelle sera calculée d'après le nombre des années de service.

Si, avant les seize années, le militaire demandait à quitter le service, il reconcerait aux avantages qu'il s'était acquis, il résilierait le contrat qui les lui assurait ; mais si le gouvernement, qui doit avoir la même faculté de résilier son contrat, le renvoyait, il ne devrait pourtant pas pouvoir priver le militaire du prix des services qu'il aurait rendus. Dans le premier cas, c'est le militaire qui, après avoir rempli les conditions du contrat, en abandonne la récompense par inconstance ou par tel autre effet de sa volonté, il doit en être le maître ; dans le second, le gouvernement ne peut se dispenser de payer le prix qu'il a promis pour les services qui lui ont été rendus, et ce prix doit être calculé d'après le dérangement que le temps employé à son service a mis dans l'avenir du militaire.

Après huit ans, le jeune homme qui a servi, soit en paix, soit en guerre, cet espace de temps, n'est parvenu qu'à un âge qui lui permet de commencer tel établissement qui lui conviendra ; s'il a fait des campagnes, on lui donne une gratification qu'il y emploiera. Après cet âge de vingt-huit ans, chaque année amène des difficultés pour entreprendre une nouvelle carrière ; à trente-six ans, le temps favorable pour en commencer une autre que celle qu'il a suivie est passé. Dès lors le gouvernement, s'il veut suspendre le service d'un militaire, doit lui accorder une pension qui le fasse vivre ; avant les trente-six ans il pourrait, par une gratification ou un traitement accordé seulement pour quelques années, lui payer ses services et lui donner le moyen de se faire un nouvel établissement.

D'ailleurs, les dispositions pécuniaires n'ont aucun rapport avec les grades acquis et les insignes qui les font reconnaître, dont le jugement seul d'un tribunal peut dépouiller celui qui les a obtenus. Le gouvernement peut disposer de l'emploi, suspendre les services d'un officier, le mettre en non-activité, réduire son traitement, lui laisser la faculté de quitter la carrière militaire pour en prendre une autre, ne lui accorder qu'une gratification ou un traitement temporaire proportionné à ses années de service et à ses campagnes ; mais dépouiller un officier, un sous-officier même, de son grade et de ses insignes, jamais. Une pareille dégradation ne peut être que la punition d'un crime, infligée par les tribunaux, ou bien la noble profession des armes serait assimilée à celle d'un laquais, et l'État perdrait son indépendance.

J'ai distingué les différentes situations dans lesquelles un officier ou un sous-officier peuvent se trouver. En activité, c'est être sous les drapeaux du

régiment, ou remplir des fonctions de l'état-major
général ; en disponibilité, c'est jouir d'un congé
limité ou illimité, mais révocable subitement et à la
volonté du gouvernement ; en non-activité, c'est
jouir d'un congé limité ou illimité, avec la faculté
de disposer de soi, de prendre un établissement, et
de ne pouvoir être rappelé sous les drapeaux ou à
des fonctions de l'état-major général, qu'après avoir
été prévenu quelque temps à l'avance, et y avoir
consenti ; le refus, dans ce cas, doit équivaloir, en
temps de paix, à une demande de retraite, et, en
temps de guerre, à une démission. Être en retraite,
c'est avoir obtenu, après un nombre déterminé d'années de service, de ne plus être remis en activité
pour la guerre, et de n'être disponible que pour des
emplois sédentaires que puisse remplir un vieillard
ou un homme d'une santé affaiblie et mauvaise.

Le *maximum* du traitement doit être accordé à
l'activité ;

Les trois cinquièmes à la disponibilité ;

Le tiers à la non-activité, après seize ans de service ;

La moitié à la non-activité, après vingt ans de
service ;

Les trois cinquièmes après quarante ans de service, y compris les campagnes comptées chacune
pour un an de service sur le continent et pour deux
ans outre-mer. Une campagne est une série d'opérations de guerre faites pendant une saison, du
1er avril au 30 décembre. Si les opérations conti-

nuaient ou recommençaient du 1er janvier au 31 mars, elles doivent compter pour une seconde campagne de l'année. Les officiers qui ont fait la guerre en apprécieront bien le motif.

J'ai déjà dit, et je répète encore, que le gouvernement ne doit permettre le repos, quelle que soit la situation du militaire et le traitement dont il jouit, qu'à celui qui ne peut plus agir; que l'oisiveté est une agonie mortelle pour l'homme qui, dérangé d'occupations qui exigeaient une grande activité, ne peut s'en créer une nouvelle; que tout salaire accordé par l'État doit lui donner un produit; que, quelles que soient les ressources et la richesse d'un pays, elles ne peuvent suffire pour l'entretien de l'oisiveté qui deviendrait, si le gouvernement n'y prenait garde, une maladie dévorante; qu'il n'y a d'honneur et de considération que pour celui qui se rend utile; que chacun peut l'être s'il est employé avec sagacité dans la sphère de ses moyens. Ce n'est que lorsque les militaires seront aperçus par tous les citoyens, dans tous les temps, dans une grande activité, continuellement occupés ou sous les drapeaux, ou dans le sein de leur famille, qu'ils auront la considération dont ils ne peuvent être privés sans que le salut et la gloire de l'État soient mis en danger. C'est alors seulement que les dépenses pour l'entretien de l'armée ne seront plus regardées par les citoyens comme une charge insupportable. Les hommes ne se trompent pas sur ce qui leur est bon et salutaire; on fait volontiers un sacrifice, on supporte sans répugnance une privation quand on est persuadé de l'avantage qu'ils doivent procurer à la société.

C'est sur ces considérations que se fonde l'organisation militaire que j'ai exposée et qui ne laisserait dans l'oisiveté aucun officier ou sous-officier, quels que soient son grade, son âge, l'état de ses affaires domestiques, de sa santé même, ses talents, ses forces, le temps et le mérite de ses services.

Les régiments de l'armée active, les légions départementales de la seconde armée active, les légions de l'armée des places, l'administration militaire procureraient à tous les officiers et sous-officiers, et à un grand nombre de vieux soldats, une activité constante que l'agonie de la mort pourrait seule suspendre. Le vieux général pourrait encore, de son fauteuil, maintenir l'ordre et la discipline dans la légion dont les éléments seraient dispersés autour de lui. Le rapport du colonel, son voisin de campagne, viendrait au moins une fois par semaine réveiller les souvenirs de sa jeunesse et lui rappeler qu'il est encore de ce monde; incapable de se soulever, il se sentirait transporté par l'imagination, sur de nouveaux champs de bataille, en lisant dans son journal que la frontière près de laquelle il se trouve est menacée.

Que l'on ajoute à tous les avantages de cette organisation quelques établissements pour l'éducation des enfants des militaires, soit qu'ils veuillent suivre la carrière de leur père, soit qu'ils se destinent à une autre, et la France aura une armée capable de résister à toute l'Europe; elle aura cette indépendance qui laisse au gouvernement l'application, pour l'avantage seul du pays, de toutes ses ressources, sans que jamais il soit obligé de céder à l'influence d'aucune puissance qui prétendrait les attirer à elle.

Quelle immense garantie pour le repos du pays ne donnerait pas la surveillance activement exercée par d'anciens militaires et des citoyens notables, sur quatre cent mille jeunes gens dont les trois cinquièmes seraient dispersés, et sur deux cent mille hommes de l'âge mûr composant l'armée des places fortes! La voix d'hommes expérimentés serait entendue partout, et le trouble réprimé à l'instant parmi les jeunes soldats disponibles, qu'un rapport de leur conduite pourrait faire rappeler sous les drapeaux. Ces considérations et celles que je pourrais encore exposer seront appréciées par tous les bons citoyens qui ont recherché de bonne foi les causes des agitations populaires et médité sur les moyens de les détruire et de maintenir le repos et la sécurité dans l'État.

En confiant aux officiers et sous-officiers en retraite et en non-activité les détails et les soins de l'administration militaire, ne serait-ce pas confier à l'honneur éprouvé la garde des trésors et de la puissance de l'État; tous les gradés y trouveraient des emplois : les généraux comme inspecteurs, les colonels, les lieutenants-colonels, les chefs de bataillon et d'escadron, comme directeurs et sous-directeurs des grands dépôts ; les soins des détails seraient répartis entre les capitaines et les officiers de grades inférieurs ; enfin les sous-officiers et les soldats auraient aussi des emplois analogues à leur âge, à leur capacité et à leurs services. Quelle plus honorable, plus noble, plus touchante occupation pour les vétérans que celle de pourvoir, comme des pères, aux besoins de ceux qui les ont remplacés dans les rangs ; que de veiller sur les ressources de l'État, après avoir combattu pour lui, pour l'État qui se confie à eux et qui prendra soin de leur vieillesse et de leur gloire.

Il est évident qu'il y aurait une grande économie à n'employer que des vétérans dans l'administration militaire : en effet, pour demeurer en repos, ils reçoivent et ont reçu de tout temps un traitement qu'il suffirait, en les employant, d'améliorer par quelque augmentation de solde, par les avantages d'un logement et autres résultant de leur position. Ces vétérans pourtant remplaceraient des officiers dans la vigueur de l'âge que l'on distrait actuellement du service actif pour les charger de détails et de soins administratifs ; des employés non militaires et fort chèrement payés, dont le traitement d'un seul suffirait par suppléer à celui de plusieurs vétérans chargés de leur service.

Tels sont quelques-uns des avantages que le gouvernement trouverait à ne confier qu'à des officiers et sous-officiers en retraite ou en non-activité, les soins et le travail de l'administration militaire. Mais il est une tendance contre laquelle il doit se tenir en garde afin de conserver au premier de tous les services, la prééminence qui lui appartient. Le guerrier a l'âme exaltée, il ne songe guère à l'avenir, qui ne lui paraît qu'une ombre toujours prête à lui échapper ; l'administrateur, au contraire, calcule sans cesse, prévoit tout, est actif, pressant, caressant ; il a le temps et les occasions de faire valoir ses services, et il parvient ainsi à se faire préférer dans la distribution des récompenses. Cette aberration produit le mécontentement parmi les militaires du champ de bataille, dont l'ardeur se refroidit ; elle amène la funeste pensée que l'on peut parvenir plus vite et plus sûrement en rampant qu'en marchant la tête haute à l'ennemi ; qu'il vaut mieux demeurer dans un fauteuil et faire sa cour que de se risquer dans les dangers et les fatigues de la guerre.

Si un officier demande à suspendre son épée pour occuper un emploi de l'administration ; ou c'est dans le dessein d'obtenir une existence paisible, dès lors il doit renoncer à toutes les récompenses qui sont le prix des fatigues et du sang versé ; ou c'est une retraite qu'il demande, dès lors le compte de ses services de guerre doit être réglé : il sait qu'il peut obtenir de l'avancement dans sa nouvelle carrière, mais plus rien de ce qui est réservé aux combattants. Si ces maximes sont adoptées et consacrées, on ne verra plus un commis ou un concierge, mieux traités que des généraux, des colonels couverts de blessures, portant sur leur corps les stigmates de vingt batailles, tourmentés de rhumatismes gagnés dans les bivouacs.

Il est des emplois civils que l'on peut et que l'on devrait aussi accorder aux anciens soldats pour récompense de leurs services ; tels sont ceux de gardes forestiers ou champêtres. Aux sous-officiers, ceux de percepteurs de contributions, etc. Les bureaux de tabac, de loterie et quelques autres emplois faciles à remplir devraient être réservés aux veuves de militaires.

Le nombre des officiers et sous-officiers en non-activité sera toujours très grand en temps de paix. Dans l'état-major général, la plupart des officiers généraux, des colonels et des lieutenants-colonels, s'y trouveraient, puisque les emplois d'activité pourraient être réduits à une dixaine de commandements sur les frontières et aux inspections. Dans les cadres des régiments, un cinquième des officiers serait en disponibilité, un cinquième en non-activité, et les trois autres cinquièmes en activité pour l'instruction des nouveaux soldats.

La guerre aura laissé un grand nombre d'officiers et de sous-officiers blessés grièvement, amputés d'un bras ou d'une jambe, mais qui n'en sont pas moins capables d'être employés dans l'administration, dans la légion départementale, dans l'armée destinée à la défense des places.

Des officiers, après avoir servi vingt ou vingt-cinq ans, ayant fait un établissement ou se trouvant maîtres de leur fortune, demanderaient à être mis en non-activité, et à être employés dans les légions départementales; la paix ramène le temps où l'ambition des hommes les plus honorables se bornait au grade de capitaine et à la croix de Saint-Louis; après vingt-cinq ans de service, ils revenaient dans leur ville ou leur village, satisfaits de ces nobles récompenses, reprendre en paix le soin de leurs affaires domestiques, et charmer la jeunesse des récits de leurs campagnes et de leurs exploits.

Des sous-officiers qui, avec vingt ou vingt-cinq ans de service, n'auraient pu atteindre que les grades de sergent-major ou d'adjudant, certains de trouver un emploi honorable au sein de leur famille et de l'aisance, demanderaient la faveur de la non-activité, et des devoirs à remplir, ou dans les grands dépôts, ou dans les légions de la réserve.

Chaque année de paix ou de guerre ramènera ainsi dans le sein de leur famille un grand nombre de militaires, dont l'avenir serait aussi onéreux pour l'État que pour eux-mêmes, si l'institution militaire ne leur offrait de nouveaux moyens de se rendre utiles et de se sauver de l'oisiveté, mère de l'ennui et de tous les vices.

Dans le régime féodal, un domaine était accordé à une famille, avec la condition de se dévouer au service militaire. Dans le régime constitutionnel, on n'accorderait de pension qu'à la condition de servir l'État, tant qu'il resterait quelque force, quelque chaleur dans le sang, quelque intelligence.

Par les combinaisons que je soumets aux méditations de tous les Français à qui la patrie est chère, les cinq grands corps composant les forces de terre et de mer, savoir : les régiments, les équipages des vaisseaux (1), les légions départementales, l'armée des places fortes et la garde nationale présenteraient une immense corporation, sans cesse renouvelée dans ses éléments, surveillée et dirigée par des hommes éprouvés, assujettis par les lois et les règlements. Cette grande corporation, dis-je, sur laquelle l'ordre social trouverait son appui, en maintiendrait l'équilibre par son propre poids, et elle renfermerait dans son sein et retiendrait dans sa discipline cinq cent mille jeunes gens, dont cent

---

(1) Les marins classés sur le rivage de la mer étaient épuisés, lorsque le génie, pour y suppléer, créa les équipages de vaisseaux recrutés par des jeunes gens choisis sur toute la surface de la France, parmi ceux appelés pour le recrutement des armées de terre. Cette conception heureuse, inspirée par la nécessité et saisie par une haute intelligence, devait, quelques années après son adoption, nous rendre maîtres des mers ; elle nous donnera cette supériorité plus tard, si elle est conservée et développée, car elle repose sur ce fait incontestable et reconnu, que pour faire d'un jeune homme leste et dispos un bon matelot, il ne faut que trois ans, c'est-à-dire le même temps que pour instruire un hussard. De cette expérience il résulte que dans la marine, comme dans l'armée de terre, les cinq huitièmes des équipages des vaisseaux peuvent être, pendant la paix, dispersés dans les légions départementales, tandis que les trois huitièmes, composés des plus nouvelles levées, seraient instruits et exercés à bord des vaisseaux, et que, sur quatre-vingt mille matelots disponibles, le ministère de la marine n'en aurait que trente mille à entretenir.

mille marins, deux cent mille hommes de légions, et tous les citoyens de la garde nationale, qui seraient tous les propriétaires, tous les hommes notables de l'âge de 37 à 44 ans révolus, qui, lors même qu'ils auraient pu se dispenser d'entrer dans les armées actives ou des places fortes, auraient été contraints de se feire admettre dans la garde nationale. La profession des armes obtenant plus d'honneurs et les mêmes avantages que toute autre, deviendrait, comme autrefois, celle d'un grand nombre de familles distinguées par leur dévouement à la gloire de la patrie.

Quels grands résultats, pour le repos de l'État et le maintien de l'ordre, produirait cette surveillance active et exercée jusque dans les hameaux sur la jeunesse française par des hommes dont la plupart seraient des propriétaires, tous des hommes notables, considérés par leurs services, jouissant d'une pension qui en serait la récompense, expérimentés, habitués à commander et à faire respecter leur autorité.

Je pense et j'espère que ceux qui lisent ces réflexions, ont remarqué que les passions et les craintes du moment n'ont aucune influence sur ma pensée ; que je ne fais aucun compte du délire de quelques-uns ; que je n'envisage que l'esprit d'ordre, de paix qui me semble seul dominant et seul puissant en France ; que mes méditations sur l'avenir de ma patrie puisent leur aliment dans les vœux que je fais pour son bonheur ; que mes espérances reposent sur cette charte pour laquelle la France s'est insurgée et pour laquelle nous avons combattu ; que nous possédons pour servir de ralliement à tous, de fondation au nouvel ordre social, de pacte entre tous les intérêts, de digue à toutes les ambitions, à toutes les passions furibondes, de garantie pour la paix des foyers et pour l'indépendance de l'État. Il n'y a que les ennemis de la France qui puissent avec regret et inquiétude la voir triompher et répandre les biens dont elle renferme les germes, qui, développés par de grandes et solides institutions, peuvent rendre à notre patrie toute sa force, toute sa gloire et toutes les prospérités qui feraient leur désespoir et notre sécurité.

De la Discipline.

La discipline est le principe vital d'une armée ; sans discipline, point d'armée : les hommes réunis sous cette dénomination ne sont plus qu'une bande d'animaux féroces. Chez les Romains, et autres nations qui eurent des lois et un grand respect pour la religion, la discipline fut maintenue dans l'armée moins par les châtiments que par la foi des serments; les peuples nomades rassemblés pour la guerre, n'ayant entre eux aucun lien social, mais convaincus par l'expérience que les succès dépendaient de l'obéissance et de la discipline, abandonnèrent à leurs chefs un pouvoir absolu de vie et de mort, qui, pour être exercé, demandait l'emploi de l'astuce et de la perfidie, et surtout une grande précipitation dans l'exécution ; c'est ainsi que chez les Turcs un officier fait mettre à mort, sans aucune forme de procédure, l'inférieur qu'il saisit en flagrant délit, et qu'un vizir attire par des caresses dans sa tente et sous le couteau de ses sicaires, le chef qu'il veut punir ; c'est ainsi que la nécessité courbe la liberté sans limite sous le fer d'un despotisme perfide et sans frein.

Ainsi les moyens pour maintenir la discipline dans l'armée tiennent au caractère et aux mœurs de la nation ; l'éducation en fournit de plus grands que les châtiments, qui sont l'unique ressource des barbares : chez les peuples éminemment civilisés, au défaut de la religion il faut avoir recours à l'honneur et à l'intelligence ; la moindre flétrissure y est redoutée comme une horrible peine, la justice est parmi eux le lien social et le principe de l'ordre.

Les législateurs des peuples barbares ne connurent que la terreur pour réprimer la férocité naturelle de l'espèce humaine, et leurs lois sont empreintes de l'esprit de vengeance qui caractérise les races sauvages. Chez les Romains, les anciens Grecs, et parmi tous les peuples que la conformation du sol sur lequel ils vivaient (1) et d'autres circonstances

____

(1) Dans les pays hérissés de collines et sillonnés par des ravins, les peuples qui y vécurent, manquant de chevaux et surtout du terrain qui convient à la cavalerie, combattirent à pied ; or, comme le salut et la force d'une troupe à pied dépend du bon ordre dans lequel elle se maintient, et que pour le conserver il

favorables tirèrent de l'état sauvage et nomade pour les élever à la civilisation, la religion se joignit aux institutions civiles, pour adoucir les mœurs, museler les hommes et les dresser aux devoirs que la conservation et la sécurité de la société leur des-

---

faut se soumettre à des commandements et obéir à des chefs dont l'autorité et les fonctions aient été déterminées d'après les exigences de la bataille, il résulta que l'ordre et la régularité introduits parmi les combattants furent transportés dans l'état civil, et que ces peuples s'organisèrent et parvinrent les premiers à la civilisation. C'est par ces causes que les peuples du Péloponèse et de l'Attique, que ceux des rives de l'Arno et du Tibre ont été les instituteurs des autres peuples, et avant eux les noirs du bord du Nil.

Les hommes qui retrouvaient un asile inviolable dans les profondes vallées et les anfractuosités des hautes montagnes, d'où ils sortaient pour piller et massacrer les habitants des plaines, sont demeurés longtemps ou demeurent encore dans l'état sauvage ; ils ne se sont civilisés qu'après l'envahissement de leurs asiles : l'Allobroge, le Suisse, l'Écossais ne conservent plus rien de l'état sauvage ; mais le Lesqui du Caucase n'a point changé de mœurs.

Les hommes combattant à cheval n'ont besoin que d'un signal de ralliement, celui d'entre eux qui se sent trop faible s'enfuit et se réfugie dans un groupe qui, dans la même circonstance, cède avec la même vitesse. Ainsi les habitants des vastes plaines sont demeurés sans ordre et errants par famille, à moins que quelques circonstances ne les aient décidés à se réunir et à se soumettre à la direction d'un chef qui, faute de moyens préparés antérieurement pour maintenir l'obéissance et la subordination, employât la terreur de châtiments prompts, et les ressources qui dérivent de la perfidie et de la corruption. Telle est la cause du despotisme qui a opprimé de tout temps l'Asie, et qui domine encore sur l'immense cavalerie qui parcourt ses vastes plaines.

linaient. Dans les temples, dans les champs d'exercices, dans l'intérieur de la famille, on formait les
guerriers pour la victoire, pour la patrie, pour le
maintien de l'ordre et de la civilisation ; les châtiments furent rares, les grandes actions nombreuses :
on put abandonner au général de l'armée un pouvoir immense, parce que les mœurs et l'opinion en
garantissaient la modération.

Il résulte de tout ce que l'histoire nous a transmis
que, pour contenir la race humaine, il n'y a eu que
deux moyens employés : la terreur chez les peuples
barbares, le développement de l'intelligence et des
habitudes dirigées vers un but d'utilité commune
chez les peuples civilisés, ou qui s'élevaient vers la
civilisation. La terreur est un moyen facile, qui convient le mieux à la paresse et à la sottise ; mais la
terreur n'est qu'un prestige qui disparaît à mesure
que les lumières se répandent, et que les mœurs
s'adoucissent par les jouissances que procure la fortune. Ce ressort s'use et se brise ; dès lors il faut
recourir à l'intelligence, à la raison et aux institutions qui forment et dirigent les mœurs vers le but
de l'ordre et de la conservation de la société.

L'examen des moyens de conserver la discipline
dans l'armée présente plusieurs considérations fondées sur l'état des mœurs en France, tel qu'il est et
tel qu'il se forme ; le premier de ces moyens et le
plus important consiste à élever l'intelligence du
soldat, à lui donner, avec l'instruction militaire, de
bonnes habitudes qui l'aident à remplir ses devoirs,

à se soumettre par la conviction de leur importance à tout ce qu'ils ont de pénible, à remarquer ce que la place qu'il tient dans la société exige de lui ; pour cela il faut qu'il ne puisse se tromper sur la nécessité de tout ce qui lui est imposé ; et, comme l'état de paix n'a pas les mêmes besoins que l'état de guerre, il faut qu'il l'aperçoive, le reconnaisse et s'en persuade : tel acte, qui pour le citoyen n'est qu'une faute, est un délit pour le militaire en temps de paix, et devient le plus grand crime en guerre et en présence de l'ennemi : telles sont l'insubordination, la désertion, etc.

Pour apprécier l'énormité du crime d'insubordination et de désobéissance en présence de l'ennemi, il suffit de remarquer que, dans une armée, un seul homme se trouve opposé à un grand nombre d'hommes forts, braves, dans la fougue de la jeunesse, souvent vicieux, méprisant la mort, accoutumés à une vie aventureuse, et que le salut de l'État dépend cependant de leur obéissance passive, de l'ardeur avec laquelle ils se précipiteront dans les dangers à l'ordre qu'ils en recevront, de leur résignation dans les fatigues et les privations qu'ils ont à endurer, de celle avec laquelle ils doivent supporter le mauvais caractère, l'ignorance, les sottises de leurs chefs, si le sort leur en donne qui aient ces défauts. Tout autre crime est un mal presque individuel, dont les conséquences sont bornées ; mais l'insubordination peut entraîner la destruction de l'armée, la ruine de l'État, le massacre des citoyens, la spoliation des propriétés et une honte éternelle.

Il en est de la désertion comme de l'insubordination; à l'ennemi et en sa présence, c'est une trahison, c'est un crime énorme; pendant la paix et à l'intérieur, ce n'est plus qu'un délit; je m'arrête à ces indications, car la discussion des articles d'un Code pénal militaire n'entre pas dans mon plan; mais puisque le châtiment doit suivre la faute, et que celle-ci se transforme en délit ou en crime, selon l'époque et les circonstances dans lesquelles elle a été commise, et selon la position de celui qui s'en est rendu coupable, le Code pénal militaire, pendant la paix, me paraît devoir être adouci et devoir se rapprocher du Code pénal civil; je crois aussi que la promulgation d'un Code pénal plus rigoureux à l'entrée en campagne et au moment de la déclaration de l'état de siège dans une place forte produirait une terreur salutaire qui imprimerait fortement dans les esprits la gravité de la circonstance, servirait à prévenir beaucoup de crimes que le passage inaperçu de l'état de paix à l'état de guerre pourrait occasionner.

Les cours d'assises avec le jury, institué après de longues et lumineuses discussions des publicistes et des jurisconsultes les plus célèbres, me paraissent offrir les modèles des tribunaux militaires dans lesquels un colonel et trois officiers supérieurs rempliraient les fonctions qui sont assignées aux conseillers de la Cour royale dans les cours d'assises; ils présideraient un jury composé des pairs de l'accusé. On conçoit que si celui-ci était un officier, le président et les conseillers du tribunal militaire devant lequel il serait traduit devraient être d'un rang supérieur ou au moins égal au sien; à l'entrée de la campagne ou au commencement de l'année, il serait dressé dans chaque division des listes d'officiers, de sous-officiers et de soldats desquels le sort ferait sortir les noms des membres du jury rassemblé ou pour une seule affaire, ou pour plusieurs à décider de suite. Pour prononcer sur l'accusation d'un soldat, sur sept jurés, trois devraient être officiers du grade de sous-lieutenant à celui de capitaine, deux sous-officiers et deux soldats; les quatre derniers ayant au moins seize ans révolus de service et n'ayant jamais subi de peine infligée par un tribunal militaire. Les officiers généraux ou supérieurs, présidents et conseillers du tribunal, devraient pouvoir, comme les présidents et conseillers de la Cour royale dans les assises, se réunir à la minorité dans le cas où la majorité ne serait que d'une voix en sus de la moitié des membres du jury. Actuellement, les soldats ne sont point appelés dans les conseils de guerre, cependant ils devraient l'être, pour l'application du principe que chacun doit être jugé par ses pairs, et pour les élever dans leur opinion; ils pourraient l'être sans danger pour la discipline, si cet honneur n'était accordé qu'à d'anciens soldats dont la conduite aurait toujours été bonne, la bravoure reconnue, et qui auraient d'ailleurs les connaissances élémentaires suffisantes pour apprécier les documents qui leur seraient soumis. Cette distinction devrait appartenir de droit aux chevaliers de la Légion d'honneur, pourvu qu'ils sachent lire et écrire; d'ailleurs, ce n'est point le jury qui appliquerait la peine, ce serait le président et les conseillers, tous officiers généraux ou supérieurs. Le jury ne ferait que constater la culpabilité ou l'innocence de l'accusé, que déclarer quelle est sa conviction sur les preuves et les documents qui lui ont été soumis.

La compétence se décide par l'application du même principe que chacun doit être jugé par ses pairs, principe que la sagesse des nations a proclamé dès la plus haute antiquité, auquel on ne peut déroger que très rarement et dans des circonstances tellement graves que le salut de l'État en dépendrait.

Or, dans le cas où des militaires accusés seraient complices de citoyens, ceux-ci, en temps de paix, entraînent les militaires devant leurs pairs, qui sont des citoyens parmi lesquels peuvent se trouver aussi des militaires. Mais en guerre, et dans une circonstance de guerre, le militaire doit entraîner le citoyen devant ses juges, à moins que le délit ou le crime dont ils sont accusés, soient étrangers, et de leur nature et d'après le lieu où ils auraient été commis, à tout ce qui aurait rapport à l'état de guerre, parce que la guerre est une maladie du corps social et un état d'exception.

Dans le temps de paix, comme dans le temps de guerre, des militaires seuls accusés, et dans l'activité du service, doivent être traduits devant leurs juges naturels, devant les tribunaux militaires ; le décider autrement, ce serait établir une lutte permanente entre les citoyens et l'armée, y porter la déconsidération, en traînant l'uniforme devant les cours d'assises, en le souillant dans les prisons, peuplées de ce que la société a de plus impur. D'ailleurs, les sessions des cours d'assises ne se renouvellent que tous les trois mois, et il faut pourtant que les crimes et délits militaires soient jugés sans délai, soit pour conserver à l'armée son organisation, soit pour augmenter l'effet que le châtiment doit produire. Si les formes de la procédure doivent être lentes pour le citoyen, si le temps de paix laisse aux tribunaux militaires la possibilité de procéder dans l'enquête et dans le jugement avec plus de lenteur, d'appareil et de solennité, le salut de l'armée exige qu'en présence de l'ennemi le crime flagrant du militaire puisse être constaté, jugé et expié dans une heure.

Si nos mœurs s'opposent à ce qu'un général, sur le champ de bataille, soit revêtu d'un pouvoir suprême comme chez les Romains, il doit avoir au moins, sur les moyens de discipline, un pouvoir modérateur tel qu'aucun homme de l'armée ou de la division qu'il commande ne puisse être mis en jugement, et qu'aucun jugement ne puisse recevoir d'exécution sans son ordre ; ce pouvoir de suspendre l'exécution d'un jugement rendu par un tribunal

pour le soumettre à la sanction royale, ou pour invo-
quer la grâce ou la commutation de la peine du
coupable, accordé à un général, paraîtra peut-être
exorbitant ; des jurisconsultes penseront qu'il est
contraire aux principes de la justice distributive ;
mais les militaires qui connaissent la grandeur des
circonstances de guerre, qui ont apprécié toutes
leurs nécessités, jugeront qu'il est d'une grande
importance d'accorder ce pouvoir aux généraux commandant l'armée ou l'une de ses grandes divisions.

Les moyens les plus puissants d'établir et de conserver la discipline sont ceux qui préviennent le
crime en formant de bonnes mœurs, et qui sont
dirigés contre les habitudes et les penchants vicieux,
tels que l'ivrognerie, le jeu, la paresse, le mépris
scandaleux des mœurs et de la religion, la débauche,
la lâcheté, l'insouciance, le manque de délicatesse,
la dureté envers les inférieurs, l'arrogance envers
les supérieurs, la férocité envers les animaux. Ces
vices sont souvent plus funestes à la société que les
crimes auxquels ils conduisent, parce qu'il est plus
difficile de les réprimer, et que les lois ne peuvent
ni les atteindre ni les classer.

Le maréchal de Richelieu, infligeant pour peine
à l'ivrogne la honte de ne pas monter à l'assaut,
connaissait bien le cœur et l'esprit des Français : la
honte et le ridicule peuvent tout sur eux, soit dans
la direction vers le bien, soit dans l'entraînement
vers le mal, et c'est sur ce levier qu'il faut peser
pour atteindre ce qui ne peut l'être par les lois.

Dans les régiments de ma division, et dans beaucoup d'autres régiments de l'armée, le lendemain d'une bataille on voyait dans le camp les escouades se former en cours de pairs, et traduire devant elles les soldats absents de la bataille : on écoutait leur défense, et une décision souveraine et sans appel les renvoyait absous, ou les soumettait à une correction fraternelle que les juges infligeaient eux-mêmes à l'instant ; l'accusation ou le soupçon de lâcheté n'étaient pas seuls portés devant ce tribunal, mais encore toute habitude, tout penchant vicieux qui rendait un soldat dangereux ou incommode pour ses camarades, étaient jugés et punis de la même manière ; et comme ce mode de discipline, tout hors des lois qu'il était, procurait de grands avantages, les officiers et les sous-officiers ne laissaient apercevoir l'attention qu'ils y portaient que pour en réprimer les abus, le général se faisait rendre compte et fermait les yeux.

Il serait possible de transformer en une institution permanente un usage que l'honneur et la nécessité ont établi parmi des braves que la victoire promenait sur la surface de l'Europe. Pour y parvenir, il faudrait que cette institution puisât son principe, comme l'usage qu'elle perpétuerait, dans le sentiment du soldat ; qu'elle parût être la conception ou la réminiscence de ces vétérans que le feu a éprouvés, rares maintenant, mais qui se trouvent encore dans les régiments. L'autorité se tromperait, je crois, si elle prétendait l'établir, au lieu de la tolérer par le motif qu'elle ne doit pas s'opposer à tout ce qui a pour but la conservation de l'honneur militaire. Dans chaque compagnie on pourrait donc permettre qu'il s'établît un tribunal d'honneur, dont le plus ancien chevron serait le président, les vieux soldats de chaque escouade les juges, qui choisiraient parmi les jeunes un rapporteur et un procureur du roi. Ce tribunal, qui ne pourrait se réunir sans la permission du sergent-major, manderait à sa barre le soldat accusé de quelqu'un des vices ou des mauvais penchants que j'ai signalés et, après l'avoir écouté et admonesté, le renverrait, ou le condamnerait, en cas de récidive, à un châtiment qui, pour être dans nos mœurs, serait considéré comme une correction fraternelle ; s'il en était autrement, le châtiment dégraderait, révolterait et entraînerait l'abolition du tribunal. Une pareille institution, inspirée par les vétérans, dirigée avec tact par les officiers, produirait sur l'amélioration du jeune soldat et sur le développement des sentiments honorables, de très bons résultats, plus grands que ceux que donnent les compagnies de correction, qui sont pourtant des établissements fort utiles, mais qui deviendraient moins nombreuses et ne recevraient plus guère que ces hommes dont l'âme est flétrie, le cœur vicié dans toutes ses cavités, et sur lesquels les châtiments ne font que glisser : à l'égard de ces hommes pervers, il n'y a de ressource que dans leur envoi dans les colonies ; car les expulser d'un régiment ce n'est que briser le frein qui les réprimait, et rejeter dans la société, des méchants qui l'avertiront peut-être bientôt par un crime qu'ils y sont rentrés.

Le plus grand service peut-être que les colonies de la zone torride puissent rendre à la France serait de ne consommer que des jeunes gens pervers, la honte et le désespoir de leurs familles, puisqu'elles doivent consommer un grand nombre d'hommes blancs pour garder les hommes noirs qui cultivent le sucre et le café ; cet envoi dans les colonies serait une dernière ressource contre un naturel incorrigible qui aurait subi toutes les épreuves capables de le réduire, et serait parvenu, de punition en punition, à la compagnie de correction qui, chaque année, serait répartie entre nos diverses colonies. Là, le climat, la honte, le remords, l'âge, la douleur pourraient produire sur le jeune homme un amendement salutaire. Le temps de son service expiré, il reviendrait dans sa famille, avec un cœur et un caractère peut-être renouvelés et améliorés, mériter par une bonne conduite la bénédiction d'un père qui l'avait maudit à son départ.

De l'avantage d'employer les soldats instruits à des travaux d'utilité publique.

En campagne, le soldat est gai, alerte, content, impatient d'agir ; en garnison, il est triste, ennuyé, tout occupé de calculer l'époque où il sera libéré du service. Quelle est la cause de cette variation dans son caractère? c'est l'oisiveté; ce sont les privations et le dégoût qu'il ressent pour ses exercices de garnison. En campagne, la solde lui demeure presque entière, et s'il la reçoit régulièrement, il est à son aise; des gardes périlleuses, des marches en présence de l'ennemi, des manœuvres, une foule de petits combats et d'aventures qui captivent son attention et alimentent sa conversation, lui font oublier le toit paternel et les plaisirs de son village; l'activité guerrière a tant de charmes pour lui qu'après quelques jours d'un cantonnement qu'il a vivement désiré, il est impatient d'affronter de nouvelles fatigues, de nouveaux dangers. En garnison, il déteste une profession qui ne lui cause que des tracasseries et des tourments, qui l'assujettit à des exercices monotones dont il n'aperçoit ni le but ni le terme, dont il n'éprouve que la fatigue et l'ennui; il se sent humilié par le dédain et l'indifférence de ses chefs, accablé par l'oisiveté dans laquelle il tombe lorsqu'il n'est pas de service ou exercé; le chagrin le gagne, l'image de sa famille, de ses amis, des lieux où il reçut le jour et passa ses premières années se présente sans cesse à sa pensée et le désole; il éprouve les souffrances du voyageur des déserts africains qui, tourmenté de la soif, voit fuir devant lui un lac d'une eau limpide et qui n'est qu'un prestige; toute son espérance se concentre sur le jour qui doit luire pour sa délivrance; cependant sa santé s'est altérée et il se trouvera à l'hôpital au commencement de la campagne, où il entrera après quelques jours de marche, parce qu'il n'aura pas été préparé aux fatigues qu'elle exige de lui.

L'ambition du soldat ne se développe que dans la seconde période de son service, c'est à-dire lorsque, après avoir payé son tribut, il a contracté un engagement volontaire; en arrivant au régiment, il avait déjà l'habitude d'obéir ou à son père ou à son maître; de donner, sans y réfléchir, son temps et son attention aux travaux qui lui étaient ordonnés, et il ne se trompe ni sur l'insuffisance de l'éducation et de l'instruction qu'il a reçue, ni sur les qualités et les moyens qu'il faut pour commander; il ne demande qu'à s'instruire pour bien servir, et il serait heureux et content s'il pouvait employer pour son avantage personnel le temps que les besoins du service ou son instruction ne réclament pas et qui est abandonné à l'oisiveté.

Tansformer de jeunes Français en soldats romains, appliquer pendant la paix leurs forces et leur temps à élever de grands monuments, soit pour la défense de l'État, soit pour sa prospérité, l'idée certes n'est pas neuve; mais jusqu'à ce jour elle n'a pas fait fortune chez les nations modernes de l'Europe, ou parce que les moyens de les développer n'ont pu être reconnus, ou parce qu'il y a dans les mœurs de ces nations une résistance difficile à vaincre. Ce dégoût pour le travail doit venir encore de ce régime féodal, dont l'influence fut et demeure si grande sur nos inclinations, nos préjugés et nos mœurs; dans ce régime de violence et de perfidie, les nations se divisent en deux classes: l'une de maîtres et d'affranchis, serviteurs ou guerriers domestiques, tous oisifs, ou occupés de guerre, de chasse ou de jeux.

La seconde classe est celle des serfs, accablés par la misère, l'humiliation, et qui, du produit de son travail forcé et sans relâche, entretient les fainéants. Dans cet état de choses, l'honneur est à l'oisiveté, la honte et l'opprobre au travail; vivre noblement, c'est vivre sans rien faire, ce préjugé existe encore dans les colonies, il y est entretenu par les esclaves qui n'estiment que celui qui ne fait rien; mais en France, il est détruit, il n'y a plus de maîtres ni d'esclaves, et le Code civil, à chaque partage de succession, diminue le nombre des fainéants; un cri général s'élève contre ceux qui prétendent l'être aux dépens du trésor public, le temps marche et arrivera où le travail sera en honneur et l'oisiveté honteuse; où l'homme opulent, pour se sauver de cet opprobre et se montrer agissant, ira, s'il le faut, gravir les cimes couvertes de glaces éternelles ou parcourir les déserts brûlants, et encore faudra-t-il qu'un but utile puisse être remarqué dans ces efforts pour se sauver de l'oisiveté; car une occupation vaine, si elle n'est le délassement d'un travail utile, paraît indigne d'un homme doué de raison : tel est le changement dans les mœurs et dans les idées qui s'opère actuellement comme une conséquence nécessaire du renouvellement de l'état social, de la

division des propriétés, du développement de l'industrie, de l'accroissement et de l'expansion des
besoins. Dieu veuille que la honte qui menace l'oisiveté accable enfin les parasites du budget; ces
hommes qui, par des intrigues ou pour des services
éphémères et contestables, parviennent à s'approprier chacun l'impôt de vingt villages.

Si le travail devient en honneur, rien ne s'opposera plus à ce que l'armée française qui, par la grandeur de son courage et de ses victoires, a imité les
Romains, ne les imite encore par de nobles travaux :
chez le peuple-roi, le général victorieux consacrait à
un grand monument d'utilité publique les dépouilles
des vaincus ; et la légion, à qui rien ne résistait, laissait sur sa trace des routes, des canaux, des aque-
ducs, des théâtres, des palais, des temples qui conservent encore sa gloire. Les soldats d'Austerlitz
ont aussi laissé sur les rives de l'Océan l'empreinte
de leur séjour; c'est par les travaux de Boulogne,
d'Ambleteuse et de Vimereux qu'ils se préparaient
à la conquête de l'empire autrichien; et le bras qui,
la veille, ouvrait un asile à nos vaisseaux repoussa
le lendemain les Russes dans leurs forêts.

Les avantages qui résulteraient de l'emploi en
temps de paix, et même en temps de guerre, des
soldats dont l'instruction serait complète, à des travaux d'utilité publique, seraient immenses ; le premier de tous serait de bannir de l'armée l'oisiveté et
les vices qu'elle engendre, de conserver, de fortifier
la santé du soldat, de le préparer aux fatigues de la

guerre, de lui procurer une nourriture abondante,
de lui faire chérir le temps qu'il doit passer au service, pendant lequel il aura acquis, par son travail,
les moyens de se faire un établissement en rentrant
dans ses foyers : car il aura dû recevoir de son travail le salaire qu'aurait reçu tout autre travailleur ;
ce salaire si justement mérité, est une condition nécessaire, indispensable, c'est le principe vital de
l'institution. L'intelligence du soldat sera exercée
par les travaux : il y prendra l'habitude de l'ordre,
de la discipline, de la subordination, habitude qui
aura une grande influence non seulement sur lui-
même, mais encore sur ses compatriotes, dont il
deviendra le modèle ; les sous-officiers y acquerront
les connaissances et les qualités nécessaires pour le
commandement et pour la direction des constructions
et des travaux que la guerre exige.

Les succès d'une armée et la victoire peut-être dépendent de l'habitude que les soldats ont acquise
des fatigues qu'il faut supporter en campagne : dans
trois jours de la retraite de Leipsick, l'armée, qui ne
comptait que de jeunes soldats, en perdit plus que
l'armée de Moscou dans quinze jours d'une retraite
à travers un pays sans ressource, parce que celle-ci
n'était composée que d'hommes ayant déjà fait au
moins une campagne ; et l'armée de Boulogne parvint aux confins de la Moravie sans avoir fait presque
d'autres pertes que celles occasionnées par le fer de
l'ennemi, tant elle avait acquis de force et de santé
par les travaux auxquels elle avait été employée

pendant les trois années qui avaient précédé ses marches triomphales.

Non seulement il faut que le soldat reçoive exactement le prix de son travail, qu'il puisse réserver une partie de ce salaire après qu'il en aura tiré une subsistance abondante pour assurer le bien-être de son avenir, ajouter à l'aisance de sa famille dès le jour qu'il rentrera dans son sein; il faut encore que ses travaux soient couronnés par la gloire et charmés par les plaisirs; il faut qu'un monument d'une grande solidité, mais sans faste, et ayant autant que possible un but d'utilité publique, transmette à la postérité l'époque où un rempart aurait été élevé, un canal ouvert, un marais desséché, une montagne fertilisée par la main des soldats, ainsi que les noms de leurs chefs et de ceux d'entre eux qui auraient mérité cet honneur; il faut que ces travaux soient quelquefois interrompus par des fêtes guerrières, que la visite d'un prince ou la mémoire d'un grand événement donneraient le motif et l'occasion de célébrer; alors l'amour du travail sera réveillé par tout ce qui excite les hommes, honneur, plaisir, gloire et profit pour l'État et pour ses défenseurs, toujours préparés aux fatigues de la guerre, forts et pleins de santé.

L'emploi d'un grand nombre de soldats à des travaux d'utilité publique, est une grande conséquence et même une nécessité de l'organisation de l'armée dont j'ai exposé les principes et esquissé le trait. En effet, il serait nécessaire de tenir en haleine et toujours prêts à être déversés dans les régiments, une partie de ces cinq huitièmes de l'armée, composés de soldats qui, après avoir reçu l'instruction militaire, seraient congédiés, dispersés sur la surface de la France, et renfermés dans des cadres. Ces cinq huitièmes, qui sont la force réelle de l'armée, car les régiments ne pourraient et ne devraient entrer en campagne incomplets, et avec des soldats des trois dernières levées, dont l'instruction ne serait ni faite ni achevée; ces régiments, dis-je, ne présentent donc que des cadres pour l'instruction et pour recevoir, à l'époque de la guerre, les soldats instruits; mais ces soldats instruits sont pour la plupart des prolétaires qui, congédiés, doivent prendre des engagements qui les fassent vivre; et comme l'état de disponibilité dans lequel ils sont retenus peut les empêcher d'en trouver, il faut que l'État vienne à leur secours et qu'il tienne constamment tout prêt du travail pour le leur donner, et pourvoir à la subsistance et à l'entretien de ceux qui n'auraient pas d'autres moyens de se les procurer.

Ainsi, un ou plusieurs bataillons devraient être organisés dans les légions, pour être employés dans les grands travaux qui se feraient dans leurs départements ou les départements qui en seraient voisins; les sous-officiers de ces bataillons seraient chefs d'atelier et auraient les relations immédiates avec les ingénieurs chargés de ces travaux; tandis que le maintien de la discipline, la défense des droits et des intérêts des soldats serait l'occupation particulière des officiers qui auraient présidé aux marchés conclus avec les entrepreneurs; et comme les soldats recevraient un salaire égal à celui qui serait accordé à tous autres travailleurs, ils auraient à se vêtir, à se nourrir, à payer leur logement, les habits que le gouvernement leur aurait laissés ne devant leur servir que dans les jours de fête. Un vingtième du prix total des travaux serait prélevé et employé par les inspecteurs généraux, en secours aux soldats travailleurs qui se seraient blessés ou seraient tombés malades; en prix à décerner dans les exercices gymnastiques qui, dans quelques occasions, délasseraient du travail par les plaisirs; en gratification aux plus habiles travailleurs, aux sous-officiers et enfin aux officiers.

Ces bataillons de travailleurs seraient composés d'abord avec des hommes de bonne volonté, et ensuite avec les premiers inscrits sur une liste dressée à cet effet, et où chacun serait classé d'après son métier, son talent et sa capacité, pour être employé de la manière qui serait le plus utile. Le plus grand nombre des soldats se compose de cultivateurs de la terre; d'autres sont boulangers, bouchers, charpentiers, menuisiers, maçons, forgerons, fileurs, tisserands; enfin on trouve dans un bataillon, dans un régiment, tous les métiers qui occupent la population; puisque, dans tous les travaux, il faut de tous les métiers, il y aurait donc de l'emploi et du profit pour tous.

Les ingénieurs et les entrepreneurs préféreront des travailleurs organisés et soumis à la discipline militaire, à ces hommes qui accourent en désordre à leur appel, qu'ils ne connaissent point et qu'aucun lien ne retient.

Si le gouvernement éprouvait le besoin de compléter à la hâte quelques régiments, les bataillons de travailleurs se trouveraient tout prêts, et dans quelques jours ils pourraient être remplacés dans leurs travaux par d'autres bataillons déjà organisés et qui n'attendraient qu'un ordre pour se mettre en marche; il faudrait que le danger fût bien pressant ou qu'il y eût bien de l'imprévoyance pour que l'arrivée de nouveaux travailleurs ne coïncidât pas avec le départ de ceux appelés sur les frontières.

La formation de ces bataillons de travailleurs tirés des légions et composés de soldats instruits fournirait aussi au gouvernement le moyen de tromper l'ennemi sur ses projets. Sous le prétexte de travaux qui sont toujours à faire, il pourrait rapprocher d'un point de la frontière tel nombre de troupes qu'il le jugerait convenable, qui n'entreraient dans les cadres des régiments que la veille du jour où ils se mettraient en marche vers l'ennemi; une armée invisible serait sur ses flancs et ses derrières le jour même de sa déclaration de guerre. C'est ainsi que la Prusse, trompée par l'effectif des régiments français stationnés en Allemagne et croyant les surprendre dans leurs cantonnements, se trouva envahie le jour même qu'elle déclara la guerre et qu'elle eut à combattre ces régiments mystérieusement complétés et parvenus entre les lignes de son armée au moment même qu'elle avait choisi pour les accabler, dispersés dans les cantonnements.

Les légions auraient donc en temps de paix des bataillons de travailleurs, et en temps de guerre des bataillons d'instruction; aussitôt que les uns ou les autres de ces bataillons seraient mis en activité, d'autres seraient organisés pour les remplacer; la masse entière des forces de la France pourrait être ainsi mise en mouvement avant qu'aucun de ses voisins, devenu son ennemi, eût pu remarquer quelque préparatif de guerre. Quel immense poids cette attitude ne donnerait-elle pas aux négociations! Notre patrie serait alors vraiment indépendante, et dispensée de faire des menaces, et d'user vainement ses ressources; immobile au milieu de toutes les agitations, elle tiendrait dans sa main puissante la balance de tous les intérêts de l'Europe et du monde.

Ses arsenaux, ses ateliers, ses dépôts, ses légions placés sur les diverses lignes d'opérations en arrière de ses frontières, dont les places fortes seraient occupées par les régiments chargés de l'instruction des nouveaux soldats, déploieraient d'immenses moyens au premier signal de guerre, sans éclat, sans embarras, sans dépenses extraordinaires, sans recours à d'avides traitants, sans encombrement ni déplacement; car les hommes et les choses seraient préparés à leur véritable place; chaque portion de la frontière aurait derrière elle une colonne compacte d'hommes et de toutes les ressources que la guerre demande; et s'il ne fallait mettre en mouvement qu'une seule de ces colonnes, les autres pourraient demeurer en repos et n'éprouver aucun dérangement, aucune secousse, parce que chacune renfermerait tout ce qu'il faut pour la guerre.

Cependant cet appareil si imposant de forces de terre et de mer, car cette organisation peut être acceptée par la marine, qui ne demande que trois ans pour instruire ses matelots et qui pourrait en entretenir trente mille à bord de ses vaisseaux, tandis que cinquante mille, après avoir reçu l'instruction nécessaire, seraient dispersés et encadrés dans les légions départementales où ils demeureraient cinq ans disponibles; cet appareil de forces, dis-je, n'occasionnerait pourtant que la dépense qu'un État de second ordre peut supporter pour son armée; il est facile de démontrer que cette dépense serait beaucoup moindre que celle que la France fait actuellement pour l'entretien de son armée, dont elle ne peut mettre quelque portion en campagne sans accroître sa dette; cette économie résulterait de l'ordre et de la prévoyance de l'administration, autant que du choix des administrateurs, tous éprouvés, tous expérimentés; elle résulterait de ce qu'aucun homme, recevant un traitement ou une pension de l'État, ne pourrait être dispensé de le servir; et qu'il y aurait des emplois pour tous les âges, pour toutes les situations; de ce que la profes-

sion militaire, par ses emplois et par ses établissements pour l'enfance et pour la vieillesse, procurerait, avec la considération publique, des avantages
réels et suffisants à l'ambition d'un grand nombre
de familles honorables qui conserveraient les traditions et perpétueraient le dévouement à la patrie et
tous les sentiments généreux dans lesquels seulement elle peut trouver son salut.

Ce serait avec les millions que dépensent chaque
année les ingénieurs militaires, ceux des ports et
des ponts et chaussées que l'armée active, ren-
fermée dans les cadres des légions, serait entretenue. Ces millions, que gagnerait par son travail une
jeunesse toujours prête à combattre, n'en parviendraient pas moins dans la chaumière des pères de
famille; mais auparavant ils auraient rempli le
double but de contribuer à la défense ou à la prospérité de l'État et celui d'entretenir ses défenseurs.

L'adoption de ces projets, qui ne paraîtront à
quelques-uns qu'une utopie, ne dérange les exis-
tences que pour mieux les assurer et les garantir; je
sens combien il est pénible de changer de travail et
d'habitudes, mais changer d'emploi ce n'est pas le
perdre. La France est encore en marche, mais elle
demande à se reposer dans des institutions du-
rables; elle acceptera encore, pendant quelques
années, les innovations dont elle éprouve le besoin;
mais lorsque le repos l'aura engourdie, il ne sera
plus temps, et elle demeurera dans l'état où cet
engourdissement l'aura saisie, apercevant toutes les

défectuosités de son état social sans pouvoir y remédier, parce que des racines auront poussé, et que ce qui ne paraît encore que provisoire aura pris de la stabilité.

Cependant quelle gloire immense pour ses fondateurs, si l'établissement social qui doit traverser les siècles méritait les bénédictions et l'admiration des peuples à venir! Les noms de Bramante et de Michel-Ange, qui n'ont élevé qu'un grand monument d'architecture, passent avec gloire d'âge en âge; de quel éclat ne seraient pas environnés les noms des princes et des citoyens qui auraient fondé le bonheur et le repos des peuples sur des institutions capables de les perpétuer!

On voit bien, diront quelques lecteurs, que l'auteur de cet écrit vit dans les bois, qu'il ne sait plus rien de ce monde; il croit encore à tous ces beaux sentiments de gloire, de patrie, dont le nom même ne se prononce plus; il s'agit bien d'avoir une immense puissance militaire et de faire des économies; l'Europe ne le souffrirait pas, et les économies ne conviennent qu'à ceux qui payent et ne sont point admis au banquet des impôts : dans ses rêves, qu'il peut faire à volonté, à l'ombre de ses sapins, mais dont il devrait se dispenser de nous faire part, il blesse les intérêts, les vanités, les privilèges, les souvenirs, et, à l'exception de quelques autres rêveurs incorrigibles, tout le monde criera haro sur lui, et tous ses beaux discours ne seront que paroles vaines, heureux s'il en est quitte pour du temps et de la peine perdus.

Pardon, messieurs, je n'ai que de bonnes intentions, je ne prends aucune peine, et j'emploie mon temps, dont je suis le maître, de la manière qui m'est le plus agréable ; si mes réflexions sont sans utilité, elles me rendent heureux. Vous savez que les premières affections ne s'effacent jamais, que la première maîtresse n'est jamais oubliée ; j'ai aimé et j'aime encore notre patrie et sa gloire avec ardeur, le souvenir et l'image d'une mère chérie donnent un bonheur parfait, quand on a été bon fils, et que ce souvenir, cette image, ne font aucun reproche.

Je compose un dessin, j'en esquisse les traits le mieux et le plus correctement qu'il m'est possible, je le jette et ne m'inquiète pas s'il sera relevé et si on en fera le remplissage ; j'avoue pourtant, et il est bien vrai, que je serais au comble du bonheur, si mon intention d'être utile avait quelque succès, si le legs du vieux soldat était profitable à son pays et agréable à son roi.

____

DEUXIÈME PARTIE

Du développement des moyens de pourvoir aux besoins de l'armée.

Le mode actuel de l'administration des régiments me paraît un contresens; en effet, ce sont ceux qui marchent, combattent et agissent, aux besoins desquels il faudrait pourvoir, qui ne devraient jamais être distraits de leurs devoirs guerriers, que l'on transforme en régisseurs, en chefs d'ateliers, en financiers. Un colonel, un conseil d'officiers ne devraient avoir que les soins de surveiller les fournitures et les distributions, et on en fait des fournisseurs qui font confectionner, qui ont des magasins, qui tiennent des registres et des comptes, tandis que les hommes qui, par des études préparatoires, ont acquis la science et le talent de ces choses, qui pourraient y employer tout leur temps, parce qu'ils n'ont aucun autre devoir à remplir, sont seulement chargés de surveiller l'administration du colonel et de ses conseillers. C'est ainsi que l'on rend les chefs d'un régiment responsables envers le soldat, qui pourra les soupçonner d'infidélité, s'il arrive que ses souliers soient de mauvaise qualité, ou si le renouvellement de son habillement éprouve du retard;

le soldat adresserait ses plaintes à ses chefs, s'ils n'étaient pas ses fournisseurs ; mais puisqu'ils le sont, où trouvera-t-il des protecteurs contre eux ? S'il en appelle au général, il sera traité comme un séditieux ; s'il ne fait que murmurer, il sera au moins mis en prison, heureux de n'être pas traduit devant un conseil de guerre. D'ailleurs, que pourrait le général ? le colonel dont on se plaint à lui, a peut-être de puissants appuis au ministère et à la cour ; et lors même qu'il serait puni, on n'aurait fait qu'un scandale qui accroîtrait le mal en justifiant toutes les plaintes.

Je crois aussi qu'il est funeste de laisser une caisse à la disposition d'officiers qui, quoique braves, instruits, expérimentés à la guerre, peuvent être jeunes, présomptueux, insouciants sur l'avenir et sans prudence dans leur conduite : on a perdu au jeu, on emprunte à la caisse sur les appointements du mois ; on perd encore, on est endetté ; arrive un fournisseur qui offre un pot-de-vin sur un marché, ou bien on retarde une livraison d'habits, de capotes, etc. ; le succès enhardit, l'exemple gagne, la probité devient une exception, et ce qui devrait couvrir de honte n'est plus qu'une gentillesse. Tout ce désordre n'arrive pourtant que par une imprudence dont l'effet a été d'avilir de braves gens et d'exposer l'État à perdre leur service.

Un ministre économe réduisit autrefois à la moindre quantité le drap et le cuir qu'il envoyait dans les régiments pour les habits et la chaussure du soldat ; j'ai vu cependant un colonel trouver le moyen de s'approprier une partie de ce drap et de ce cuir et, pour y parvenir, passer des journées dans l'indigne occupation de diriger les ciseaux de ses tailleurs et de ses cordonniers ; j'ai vu un autre colonel, toujours pourvu de lettres du dépôt qui lui annonçaient que des effets d'habillement, qui n'arrivaient jamais, en étaient partis ; enfin, qu'on se rappelle les révoltes des régiments en 1790, sous le prétexte et à l'occasion des masses.

Que peuvent contre ce mal, dont la racine est dans l'institution même, un général de brigade, un commandant de division ? Pourraient-ils se résoudre à accuser de dilapidation et à poursuivre un colonel le lendemain du jour où, par sa valeur et ses talents, il aura peut-être fait gagner la bataille ? Un général d'armée sera-t-il assez insensé pour faire un éclat funeste à la discipline, qui excitera peut-être contre lui d'implacables et puissantes inimitiés, tandis qu'au résultat, son unique but est de vaincre ? Il y aura donc nécessairement impunité et perte de ce sentiment exquis de délicatesse, qui devrait trouver son refuge dans le cœur d'un militaire français, quand il serait banni de partout.

On conçoit que, lorsque les princes ou les républiques achetaient des corps de troupes ; lorsqu'un régiment était une entreprise comme toute autre, celui qui s'en rendait adjudicataire se chargeait de toutes les dépenses, qui étaient couvertes par le prix qu'il recevait pour l'entretien de chaque homme ;

alors il suffisait de constater le nombre des officiers et des soldats et de s'assurer si toutes les autres conditions du marché étaient remplies. Mais on s'étonne que des usages qui n'ont plus de motifs et qui sont contraires aux mœurs et aux lumières du temps actuel, se maintiennent et résistent; on s'étonne qu'en France, avec tant d'expérience de la guerre, après tant de recherches pour obtenir l'ordre le meilleur et l'économie la plus grande, le contresens et les inconvénients du mode actuel de l'administration des régiments aient échappé, ou que les intérêts privés, qui peuvent s'opposer à une amélioration, aient prévalu.

Avant que d'entrer dans le développement des changements que je crois utile d'introduire dans l'administration de l'armée, que l'on me permette une supposition qui servira à expliquer ma pensée. Si, par exemple, le gouvernement chargeait une compagnie de capitalistes de pourvoir à tous les besoins de l'armée, lui permettrait-on de prendre ses commis dans les rangs? Cette compagnie chargerait-elle les colonels de ses marchés? un directeur de manufacture ne transforme point ses ouvriers en commis, ne leur confie ni l'achat de ses matériaux, ni la garde et le soin de sa caisse et de ses livres; qu'un ouvrier montre plus de capacité et de goût pour le travail des bureaux que pour celui de l'atelier, le directeur pourra en faire un commis, mais il le remplacera dans l'atelier; seulement il préférera, pour surveiller les travaux, les ouvriers qui auront obtenu sa confiance par une belle conduite, qui auront la capacité nécessaire pour cet emploi, et dont l'âge et les infirmités demanderaient des occupations moins pénibles que leur travail habituel.

Pour découvrir et reconnaître les éléments d'une bonne administration, les principes de l'ordre et de l'économie, il ne faut qu'arrêter la pensée et les regards sur ces maisons de commerce et de manufacture, dont les affaires et les relations s'étendent non seulement sur l'Europe, mais sur le monde, qui mettent en mouvement une masse immense de capitaux, qui ont des comptoirs et des magasins dans toutes les grandes places commerciales, qui entretiennent des centaines de commis, d'ouvriers et de marins ; qui ont des comptes ouverts sans nombre, et qui parviennent aux plus vastes résultats, sans fracas, avec économie et avec les moyens de s'assurer à chaque instant de l'emploi de leur travail, de leurs capitaux, de la situation de leurs caisses et de leurs magasins.

J'ai montré avec assurance quelques-uns des funestes résultats du mode actuel de l'administration des régiments, parce que je les ai observés pendant vingt-cinq ans de guerre. La recherche des moyens d'y remédier et de substituer, à un régime qui tire son origine d'un état social qui n'existe plus, un nouveau mode d'administration, demande plus de réserve, parce que l'expérience qui doit servir d'appui à ces moyens et à la théorie nouvelle ne peut être puisée que dans les établissements du commerce et de l'industrie, qui n'ont que des analogies avec ceux qui pourraient être créés pour réunir les ressources, les préparer, et fournir aux besoins de l'armée ; d'ailleurs, *la critique est aisée, mais l'art est difficile.*

D'un nouveau mode d'administration militaire.

C'est dans le ministère même de la guerre, que les bases de l'administration doivent être posées pour qu'elles demeurent immobiles, malgré les changements fréquents de ministres, les caprices et l'esprit systématique des hommes qui peuvent arriver à ce grand emploi ; et pour cela, il faut qu'elles soient fondées sur des lois, sur des institutions, plutôt que sur des ordonnances révocables à volonté, utiles pour le mouvement et l'exécution, mais qui ne peuvent suffire pour la stabilité de l'établissement, et pour le garantir contre les intérêts privés, contre les exceptions que de fréquentes mutations dans le personnel provoquent nécessairement ; parce qu'il est dans la nature de l'homme de concevoir des espérances à chaque heure de succès, de donner à ses amis et de leur demander.

Un ministre est à la fois un secrétaire du roi, dont il reçoit et transmet les ordres, et un administrateur comptable envers l'État des ressources mises à sa disposition ; il en résulte que des considérations politiques ou personnelles, souvent étrangères à l'armée, peuvent décider du choix ou du renvoi du ministre de la guerre ; mais si l'administration est fondée sur des institutions dont la solidité soit telle, que la mutation des personnes ne puisse l'altérer, elle demeurera, malgré la fréquence des changements, uniforme, probe, active, et capable, dans tous les temps, de diriger l'armée et de pourvoir à ses besoins.

Le ministère de la guerre présente deux grandes divisions : *le personnel* et *le matériel*, mots que je traduirai par ceux-ci : *l'armée* et *l'administration* ; de sorte que, tandis qu'un conseil de guerre aurait à surveiller et à diriger l'instruction et le mouvement des troupes, un conseil supérieur d'administration aurait la disposition des ressources destinées à pourvoir aux besoins des combattants ; tous deux agissant sous l'autorité et la responsabilité du ministre. Le motif qui me fait proposer de remplacer les directeurs du personnel et du matériel par deux conseils, est déjà remarqué : c'est celui de conserver, dans des corps qui ne meurent pas, les principes, les traditions et les connaissances avec lesquels leur action doit être perpétuée ; deux faisceaux d'hommes choisis dans le premier rang de l'armée résisteront mieux que deux hommes isolés aux chocs des ambitions et de l'avarice, auxquels le salut de l'État prescrit de ne pas céder ; l'ardeur avec laquelle ces passions renouvellent sans cesse leurs attaques et revêtent des formes nouvelles exige, pour les repousser, une vigueur et des forces qui sont rarement accordées à un seul homme placé dans une situation précaire, dont le sentiment, qu'il ne peut surmonter, comprime l'essor ; car l'énergie s'arrête quand il n'y a pas d'avenir.

Un conseil consultatif peut être nombreux ; ses membres se partagent l'examen des affaires, et tous se confient au talent et aux lumières de chacun ; le conseil entier adopte le travail de l'un ou de plusieurs de ses membres, parce qu'il n'est que consulté et que la décision sera prise sans lui ; mais il paraît, par l'histoire, qu'un conseil exécutif se réduit à trois, si le nombre de ses membres est de dix et au delà. Rome, Venise, les comités de la Convention en présentent les exemples : on pourrait croire que cette réduction, qui peut aussi paraître accidentelle, est une nécessité inhérente à l'institution, et une exigence de l'action qui lui est attribuée ; quoi qu'il en soit, je pense qu'il serait prudent de ne pas élever le nombre des membres de chacun des deux conseils exécutifs du ministère de la guerre au delà de sept ; le nombre de cinq conviendrait peut-être mieux, car il est suffisant pour conserver les traditions, et n'est pas trop grand pour ralentir et contrarier l'action.

Le conseil consultatif de la guerre devrait ne se composer que des premiers chefs de l'armée, des maréchaux de France, des généraux ayant commandé en chef, des plus anciens lieutenants généraux, des anciens intendants généraux d'armée ; le ministre se conservant, d'ailleurs, la faculté de ne convoquer que ceux d'entre eux qu'il plairait au roi. C'est dans le grand conseil consultatif que seraient choisis les membres des conseils exécutifs de guerre et d'administration, et les inspecteurs généraux ; ces derniers désignés pour une année seulement.

On voit qu'un ministre de la guerre, placé entre le conseil des ministres, ses collègues, et les deux conseils exécutifs du ministère, composés d'hommes expérimentés et illustrés, pourrait sans inconvénient et sans danger pour l'État n'être qu'un homme de faveur, un commis, un officier obscur, s'il arrivait qu'un pareil choix pût plaire au roi. Ce ministre pourrait être changé dix fois dans l'année sans que le service en souffrît, puisque l'institution subsisterait et ne pourrait être ébranlée ; parce qu'elle n'aurait été établie qu'à l'époque où tout aurait pris de la stabilité, lorsque le temps des créations spontanées et des bouleversements serait passé pour la France, comme il paraît l'être dans la nature. Le corps social ressemble au corps humain ; pour que sa guérison soit parfaite et qu'il ne subsiste aucune difformité après une fracture ou une dislocation de quelque membre, il faut que, sans retard, un appareil convenable soit placé et maintenu avec art ; si l'instant est passé, la nature opposera une création subite, monstrueuse et immuable, aux efforts et au talent de l'homme.

J'ai dessiné la tête, il me reste à tracer les divers appareils par lesquels la vie se répandrait dans

7

toutes les parties de ce grand corps; les artères par lesquelles les ordres du roi imprimeraient le mouvement à tous ses membres, et les veines, qui les reporteraient au principe moteur, transformés en rapports et en comptes rendus de leur exécution. Ces comparaisons physiologiques sont peut-être peu convenables et obscures, mais elles sont vraies.

Supposons les frontières de la France divisées en dix commandements, et en arrière de chacune de ces portions de frontières une immense colonne, dont la base reposerait sur les places fortes, tandis que le sommet aboutirait vers la capitale. Supposons encore les armées actives et de réserve divisées en dix grands corps ayant chacun, dans le centre et sur la ligne des opérations de l'une de ces vastes colonnes, leurs magasins, leurs dépôts, leurs ateliers sous la surveillance et la direction d'un inspecteur général, non pas se promenant pendant trois mois, mais remplissant ses fonctions avec toute l'activité et le soin d'un général d'armée qui aperçoit la victoire récompenser les peines qu'il prend pour préparer et assurer ses succès.

L'usage en France est de disperser et d'isoler les régiments au moment de la paix; de dissoudre les corps d'armée, les divisions et les brigades. Cet usage est encore un reste du régime féodal; il rappelle les craintes que les grands vassaux inspirèrent à nos rois, et quelques-unes des mesures que ceux-ci prirent pour se rassurer et se garantir de leur violence. Aujourd'hui l'armée pourrait, sans danger pour le gouvernement, demeurer formée en corps, en divisions et en brigades, en temps de paix comme en temps de guerre; les Russes et les Prussiens, dont l'organisation politique est récente, nous en donnent l'exemple que nous pourrions suivre, prce que la nôtre est à faire sur la base de la charte. Aujourd'hui la loi seule est puissante; les grands possesseurs de fiefs, qui pouvaient soulever des masses plus ou moins grandes de la population et bouleverser l'État, n'existent plus; un maréchal de France, un général d'armée n'ont qu'un pouvoir temporaire et éphémère que des lettres de service leur confèrent et qu'un ordre leur enlève. Cependant, je crois qu'en temps de paix, il suffirait de former des brigades de deux ou de trois régiments sous les ordres d'un maréchal de camp et de réunir ces brigades dans dix grandes inspections. D'ailleurs, pour détruire dans son principe, s'il le fallait, l'esprit de corporation naturel à l'homme, on pourrait, de temps à autre, faire passer les régiments d'une brigade dans une autre. Pour la guerre, l'organisation en corps, en divisions, en brigades, est une nécessité; et la perfection avec laquelle elle est calculée a une grande influence sur les succès.

La nécessité et l'avantage de centraliser ne sont pas moins grands dans l'administration; en effet, on ne peut concevoir une correspondance avec deux cents régiments et deux cents dépôts sans cesse en mouvement sans se représenter les lenteurs, les dépenses, je dirai même le désordre qui doivent résulter d'une si grande dispersion d'ordres et de surveillance; l'esprit serait au contraire satisfait en considérant les dépôts et les comptabilités de ces deux cents régiments réunis dans dix établissements sous une administration active et forte et dirigée par un conseil supérieur d'administration.

Ces dix grands établissements placés au centre de ces colonnes de troupes, dont les têtes s'appuie-raient sur les places fortes de la frontière et qui renfermeraient chacun les ateliers, les magasins et les dépôts d'un dixième de l'armée ont leurs emplacements désignés en arrière des frontières de l'Est, sur les rives droites du Rhône et de la Saône, et du canal de Monsieur; des frontières du Midi, sur la rive droite de la Garonne et sur les bords du canal du Midi; des frontières de l'Ouest et du Nord, sur les rives de la Charente, de la Loire, de la Vilaine, de la Seine, de la Somme, de la Scarpe, de l'Oise, de l'Aisne, de la Marne et de la Moselle et sur les affluents navigables de ces rivières.

Quoique gouvernés par le même chef, et soumis à la même administration, ces grands dépôts pour-raient avoir leurs ateliers et leurs magasins établis dans plusieurs villes, plus ou moins distantes l'une de l'autre, mais situées sur le même canal ou sur la même rivière ou leurs affluents, de sorte que les communications soient faciles entre elles et avec le siège de l'établissement; de sorte que les transports soient économiques, et qu'en cas de l'invasion de l'ennemi, et selon les événements de la campagne, les ressources que renfermeraient ces établissements, puissent être, sans frais et sans dangers, portées et déposées dans les places fortes, ou amenées dans l'intérieur par les canaux et en remontant les rivières. Un coup d'œil jeté sur la carte de France suffit pour faire reconnaître la possibilité et la facilité avec lesquelles ces mouvements pourraient être effectués.

Chaque régiment placé dans le ressort de l'administration de l'un de ces établissements y aurait un local particulier et destiné pour ses ateliers et ses magasins, sous la direction et la garde d'officiers et de sous-officiers qui appartiendraient à son administration spéciale, et qui correspondraient avec les officiers comptables et le conseil de surveillance de ce régiment.

Ces établissements ne seraient pas seulement destinés à réunir les ateliers, les dépôts et les magasins des régiments, à centraliser leur comptabilité, à contenir toutes les choses nécessaires à leurs besoins, soit pendant la paix, soit pendant la guerre; à fournir aux bataillons et escadrons, tirés des légions de la seconde armée active, ce qui serait nécessaire pour les mettre en activité ; ces établissements, dis-je, confectionneraient et renfermeraient tout l'attirail d'une armée en campagne : ce seraient de grandes maisons de banque, de grandes manufactures, recevant le mouvement du conseil supérieur d'administration établi au sein du ministère de la guerre, et qui auraient pour les diriger et surveiller l'exécution des ordres du roi, un général distingué et un conseil exécutif composé de trois officiers généraux ou supérieurs, ou choisis dans le plus haut rang des intendants d'armée. Ce gouverneur convoquerait toutes les fois qu'il le jugerait à propos, pour en recevoir les demandes et en prendre les avis, un conseil consultatif composé de tous les commandants des dépôts des régiments, des chefs des divers services, des directeurs des différents travaux, des conservateurs des magasins ; enfin de tous les principaux officiers de l'établissement.

Tandis que chaque régiment aurait au grand dépôt, et sous son administration, des représentants pour diriger ses ateliers et garder ses magasins, le gouverneur de ce grand dépôt aurait, près des régiments, un agent supérieur ; près de chaque bataillon, un agent inférieur ; et près de chaque compagnie, un sergent fourrier, pour faire les payements et les livraisons, et pour lui en rendre des comptes fréquents ; ces agents, dépositaires d'argent et de matières, devraient fournir un cautionnement. La comptabilité du régiment se ferait au grand dépôt, les agents comptables ne recevraient pour la solde que des acomptes en mandats sur les receveurs généraux des finances, ou sur le payeur général de l'armée.

On voit par cet aperçu que je ne fais qu'exposer les principes, sans entrer dans les détails de l'exécution, que concevront facilement les personnes un peu initiées aux opérations financières, et qui ont

examiné dans les grandes manufactures de quelle
manière le travail y est divisé et distribué, soit à des
ouvriers qui y résident, soit à des ouvriers externes;
on voit, dis-je, combien ce mode d'administration
est simple et économique. Un conseil supérieur d'administration, établi sous les yeux du ministre, n'aurait de relations qu'avec les gouverneurs et les
conseils de dix grands dépôts, qui renfermeraient
chacun les ateliers et les magasins de vingt régiments, ainsi que l'attirail de guerre nécessaire pour
mettre en campagne le dixième de l'armée, sur la
portion de frontière derrière laquelle les établissements seraient placés, ayant des canaux et des
rivières navigables pour les communications entre
leurs divisions avec les places fortes, où seraient les
troupes, avec la capitale et avec l'intérieur de la
France, d'où les matières arriveraient, et où les
magasins se réfugieraient dans le cas d'une invasion
de l'ennemi.

Les agents comptables d'un régiment, d'un bataillon, d'une compagnie, fournissant un cautionnement suffisant, pour préserver l'État de leurs
erreurs et de leurs mécomptes, seraient chargés de
tous les payements et de tous les soins administratifs, sous la direction du gouverneur et du conseil
de celui des grands dépôts dont ils dépendraient.
Aucun devoir, aucune occupation militaire ne viendraient distraire les agents, des soins qui leur seraient
imposés, des devoirs administratifs qu'ils auraient à
remplir exclusivement à tous autres.

Les colonels, les chefs de bataillon et autres officiers, dont on composerait un conseil de surveillance, délivrés des inquiétudes, ou plutôt des tourments d'une comptabilité qui n'est pour eux aujourd'hui qu'un accessoire à d'autres devoirs, veil-
leraient avec d'autant plus d'activité et de soins à ce
que leurs soldats soient pourvus de toutes les choses
que leur accordent les lois et les règlements, qu'ils
n'auraient plus d'autres intérêts que celui de les
maintenir dans la meilleure tenue ; les relations
entre eux et les agents comptables devraient être
déterminées avec précision et sagacité, de sorte qu'il
n'en résultât aucune de ces rivalités, de ces frottements qui sont funestes au service.

Le conseil supérieur ferait livrer aux grands dépôts les matières premières qui y seraient confec-
tionnées, soit par des ouvriers attachés aux dépôts
des régiments, soit par des ouvriers étrangers ; car
ce sont les ressources et les avantages qu'offriraient
les localités, et d'autres considérations qui décide-
raient les gouverneurs et leurs conseils sur le choix
des moyens ; mais, quels qu'ils fussent, l'ordre dans
les écritures devrait être tel, que le ministre puisse
à chaque instant obtenir le bordereau des recettes
et des dépenses de l'état des travaux, des caisses et
des magasins, ainsi que le peut le chef d'une grande
maison de banque, de manufacture et de commerce ;
qu'il puisse, sans faire passer de revues trop fréquentes, comparer les payements faits et les quan-
tités fournies avec le nombre des ayants droit à une

solde, à une livraison; pour obtenir cet avantage, il lui suffira de comparer les comptes qui lui parviendraient par les conseils d'administration avec les états de situation et de mutations qui lui seraient remis par le conseil supérieur de la guerre. Ces comptes et ces états de situation, fournis par des personnes étrangères les unes aux autres, ne suivraient point la même route pour arriver au ministre. Le compte du sergent fourrier remis à l'agent comptable du bataillon, parviendrait par l'agent du régiment au conseil d'administration du grand dépôt, et de celui-ci au ministre, par l'intermédiaire du conseil supérieur d'administration. L'état de situation et de mutations du sergent-major passerait, pour parvenir au ministre, par la filière du chef de bataillon, du colonel, du maréchal de camp et du conseil supérieur de la guerre.

L'éloignement d'un régiment du grand dépôt où il aurait ses ateliers, serait pour lui sans inconvénient; car celui de ces établissements près duquel il se trouverait momentanément, fournirait à ses besoins, comme un banquier ou une maison de commerce qui, sur le mandat de son correspondant, donne de l'argent et des marchandises. Quoique fait loin du régiment, l'habit du soldat ne le serait pas moins bien. C'est un secret qui peut être révélé par le commis voyageur d'un tailleur de Paris; enfin, je n'aperçois plus aucune objection qui méritât une réponse.

Les gouverneurs des grands dépôts seraient aussi

chargés de la surveillance sur le recrutement; ils enverraient, à l'époque où le travail en est fait, dans les divers départements voisins de leurs établissements, et dont les nouvelles levées devraient leur être confiées momentanément pour les faire habiller et équiper, des officiers supérieurs qui prendraient, dans le conseil de recrutement et dans l'opération, la place et la part qui leur seraient assignées par la loi et par les ordres du roi. Les nouveaux soldats, habillés, équipés et armés, seraient ensuite remis aux officiers envoyés par les régiments où ils devraient être instruits.

C'est aussi dans ces grands dépôts que les bataillons et escadrons mis en activité dans les légions de la seconde armée active, se réuniraient pour être inspectés et recevoir les armes, les chevaux et les effets d'habillement et d'équipement qui leur seraient nécessaires. Ces établissements, placés chacun au pivot des opérations de l'armée qui pourrait être chargée de couvrir et de défendre une portion de la frontière, serviraient au gouvernement pour cacher ses préparatifs à l'ennemi : car il pourrait sans éclat et sans exciter de défiance, y amasser des ressources, réunir des troupes instruites ou de nouvelles levées; préparer tout l'attirail d'une armée sans frais, puisque les transports se feraient sur des bateaux sans exciter l'attention, puisque le mouvement d'hommes et de choses serait habituel et inhérent à l'établissement.

Notre administration de la guerre, qui emploie

seule le revenu d'un grand royaume, serait aussi simple, aussi peu compliquée que peut l'être celle d'un État du quatrième ordre; et si on la comparait à l'administration d'une maison de commerce, on reconnaîtra qu'il en est dont les rapports sont plus étendus, qui ont cinquante comptoirs au lieu de dix et qui activent un plus grand nombre d'ateliers.

Cette grande simplicité, l'ordre si facile à établir et à maintenir, le choix des administrateurs et l'emploi exclusif de pensionnaires de l'État, dont il suffirait d'améliorer le traitement, seraient des moyens d'économie certains et immenses. J'ai l'espérance que quelque ancien administrateur, initié au secret des dépenses du ministère de la guerre et habitué à organiser les services d'une armée, emploiera peut-être quelques instants de ses loisirs à comparer, dans ses détails, le mode d'administration que je soumets à ses connaissances et à son expérience, avec ce qui existe actuellement, et qu'il y trouvera les preuves incontestables d'une très grande économie, qui, pourtant, ne serait qu'un avantage secondaire; car le premier, le plus important, est la force et la puissance que procure une bonne organisation. C'est un grand malheur, sans doute, pour un État, que d'être endetté et embarrassé dans ses finances; c'est un malheur pour le présent et pour l'avenir; mais le plus grand est de perdre l'indépendance; le plus grand, c'est la honte de dilapider ses ressources, de s'épuiser en niaiseries : le libertinage de l'administration est l'opprobre d'une nation; il l'entraîne à une mort précoce et douloureuse après d'horribles convulsions. Toutes les pages de l'histoire le disent.

Des chefs et des employés de l'administration militaire.

Il me paraît que les emplois supérieurs et subalternes, dans l'administration militaire, devraient être exclusivement donnés aux officiers et sous-officiers que l'âge, les blessures, la faiblesse de leur santé, rendraient incapables de supporter les fatigues de la guerre. S'il est funeste de distraire les combattants par des occupations étrangères aux premiers de leurs devoirs, en les chargeant de soins administratifs, il est avantageux d'accorder cette confiance à ceux d'entre eux qui, après de longs et bons services, sont devenus incapables de supporter les fatigues de la campagne. Il est naturel et juste qu'après avoir tenu une place honorable dans les rangs, ils ne les quittent que pour veiller aux besoins de ceux qui les y ont remplacés ; c'est placer l'honneur que rien n'a pu altérer, l'expérience et la sagesse, dans l'administration de l'armée ; c'est accroître non seulement sans augmenter, mais en diminuant les dépenses de l'État, le bien-être des vétérans, que le repos fatigue et accable après une grande activité ; c'est leur procurer le bonheur de charmer leurs vieux jours par des devoirs paternels ; enfin, c'est leur conserver le sentiment qui leur a fait supporter les dangers et les fatigues de la guerre, ce sentiment sublime qu'inspire le dévouement à la gloire et à la prospérité de la patrie.

Penserait-on qu'un général, un colonel, qui aurait pendant la guerre gouverné des provinces, ne pourrait diriger avec fermeté et talent l'un des grands dépôts ; le gouverneur des invalides, toujours choisi dans les premiers rangs de l'armée, a-t-il d'autres fonctions ? Des officiers qui joignent à l'instruction acquise par l'éducation, l'habitude de l'obéissance et du commandement, la connaissance du cœur humain, pourraient-ils ne pas être capables de remplir des emplois dans une institution qui ne demande que probité et amour des devoirs ? La bonne éducation est tellement générale et commune en France dans toutes les classes que, comme le disait je ne me rappelle quel prince étranger, *il y a un officier sous l'habit de chaque soldat français*. D'ailleurs, le désir d'obtenir, pour retraite, un emploi dans l'administration de l'armée, exciterait une grande émulation parmi les officiers et les sous-officiers ; la plupart chercheraient à acquérir, par l'étude, les connaissances nécessaires pour mériter l'un de ces emplois.

Sous le rapport de la conduite, il n'en est pas des vétérans qui, par une longue expérience, ont acquis maturité et prudence, dont les passions sont affaiblies par l'âge et par l'habitude de les réprimer, comme de jeunes gens encore dans la fougue et le délire de la vie, et qui, parmi les dangers qui les menacent sans cesse, se soucient peu de l'avenir. La probité et l'honneur sont dans le cœur de tous ; mais les vétérans sont réfléchis et clairvoyants, les jeunes gens sont passionnés et sans expérience. D'ailleurs, si la conduite d'un officier employé dans l'adminis-nistration, mécontente, il peut être renvoyé sans éclat fâcheux et sans inconvénient, parce qu'il n'aura plus, comme sur le champ de bataille, l'appui d'une action glorieuse récente, ou du besoin de sa valeur et de ses talents.

Le colonel et les principaux officiers du régiment, débarrassés des soins et des inquiétudes de l'admi-nistration, conserveraient la surveillance et des relations avec le ministre par l'intermédiaire des généraux et immédiatement avec le conseil d'admi-nistration du grand dépôt ; ne perdraient rien de l'influence qu'ils doivent avoir sur les intérêts du régiment pour le bien du service et pour leur propre considération. L'officier vétéran, délégué pour régir un régiment, ne devant rien laisser ignorer au colonel et au conseil de surveillance, ni de ses mesures, ni des instructions et des ordres qu'il recevrait, devrait même appuyer ses rapports de leurs avis, demeurer dans une sorte de subordi-nation utile à maintenir, pour éviter toute rivalité ; les agents de bataillon seraient dans la même posi-tion relativement aux chefs de leur bataillon, et les sergents fourriers pour leurs capitaines.

Comme les officiers d'administration fourniraient caution pour les fonds dont ils auraient la distribu-tion, toute avance d'argent sur les appointements et la solde serait leur affaire personnelle. Moyennant le cautionnement, la caisse du régiment et celle du bataillon n'auraient plus de danger à courir, de dilapidations à craindre; les masses seraient conservées au grand dépôt, et au régiment tout se ferait par acompte et provisoirement.

Si les emplois de l'administration militaire sont une récompense accordée au mérite et aux bons services rendus pendant la guerre ou pendant la paix; si tous ceux qui les remplissent sont d'anciens militaires, cette lutte, cette rivalité, qui s'établissent ordinairement entre les combattants et les administrateurs, n'auront plus lieu, aucune jalousie ne pourra les diviser; celui qui a fourni sa carrière dans un fauteuil ne pourra plus demander les récompenses réservées pour prix du sang et des fatigues; on ne verra plus un concierge obtenir un traitement de retraite supérieur à celui d'un lieutenant général ou d'un vice-amiral; le militaire qui aura fourni une double carrière, celle des combats et celle de l'administration, aura seulement des droits à un traitement de retraite meilleur que celui qui comptera moins de services.

Des officiers surveillant l'administration et des inspecteurs généraux.

Pour que le ministre puisse obtenir dans tous les instants l'assurance que tous les devoirs sont remplis, que les lois et les règlements sont exécutés, il entretiendrait près des conseils d'administration des officiers surveillants qui, sous le nom de commissaires du roi ou toute autre dénomination, y rempliraient les fonctions qui sont assignées aux procureurs généraux et procureurs du roi près des cours et des tribunaux. Ces officiers devraient être présents à toutes les délibérations, initiés dans toutes les opérations, avoir le droit et même l'obligation de faire des réquisitoires, de porter appel au ministre ou au conseil supérieur, de suspendre même, jusqu'à ce que le ministre ait fait connaître sa détermination, l'exécution des mesures prises, des marchés conclus sous cette réserve d'appel par les conseils des grands dépôts. Ces officiers surveillants auraient aussi la police de la gestion des agents supérieurs et autres employés dans les régiments. Ils pourraient faire l'inspection des caisses, passer des revues pour constater et le nombre des ayants droit, et tout ce qui serait relatif aux livraisons qui auraient été faites. Ces officiers adresseraient directement leurs rapports au ministre et lui procureraient ainsi un moyen de contrôle, indépendant de celui qu'il trouverait dans la comparaison des états de situation et de mutations avec les pièces de comptabilité. Ce corps d'officiers surveillants remplirait encore les autres fonctions attribuées actuellement à celui des intendants et sous-intendants militaires, ou plutôt ce dernier corps recevrait une nouvelle organisation analogue à celle de l'administration et des tribunaux militaires près desquels ils devraient surveiller aussi l'exécution des lois et l'application des formes judiciaires.

Il serait sans doute avantageux d'organiser l'armée en brigades, en divisions et en corps qui, placés chacun sur une portion de nos frontières, en occuperaient les places fortes et auraient un dépôt général au centre et sur la base de ses opérations; le commandant de ce corps d'armée aurait sous ses ordres et sa surveillance, non seulement les places fortes et les combattants, mais encore le dépôt des ressources destinées à leurs divers besoins; l'armée conserverait mieux dans cet état de guerre, et la tradition, et le sentiment des devoirs que la gloire et le salut de la patrie lui imposent.

Cependant cette organisation n'est pas nécessaire à la France, qui a sa population agglomérée sur une surface arrondie, dont les points extrêmes sont au plus à deux cents lieues de distance et dont toutes les parties du territoire sont contiguës. Elle n'est pas nécessaire, dis-je, à la France, comme à la Prusse, et surtout à l'empire russe ; il suffirait que les régiments fussent embrigadés, de sorte qu'un maréchal de camp, au lieu du commandement d'un département, exerçât sur trois ou quatre régiments une surveillance active, qu'il en passât des revues fréquentes et qu'il tînt, par des rapports nombreux, le ministère informé de l'instruction, de la discipline, enfin de tous les détails concernant sa brigade; ses relations seraient ou directes avec le ministère, ou seulement avec un inspecteur général dont les fonctions dureraient une année et qui, par des visites inattendues, tiendrait les brigades et les régiments préparés à le recevoir. Les maréchaux de camp n'auraient d'autorité que sur les troupes qui leur seraient confiées. Les inspecteurs généraux surveilleraient, non seulement les troupes, mais encore l'administration des grands dépôts et des régiments dont ils rendraient au ministre des comptes qui lui parviendraient directement sans passer par le conseil supérieur d'administration.

Les frontières, ainsi que je l'ai déjà dit, seraient divisées en plusieurs portions d'après les convenances stratégiques, et chacune de ces portions de frontières avec les places fortes qui en dépendraient seraient mises sous le commandement d'un lieutenant général qui aurait son quartier général dans la place la plus considérable et aurait sous ses ordres un ou plusieurs maréchaux de camp, des colonels et lieutenants-colonels de l'état-major. Ces lieutenants généraux, tout occupés de la garde et de la surveillance de la frontière et de ses places, n'auraient point les soins de l'administration, mais seulement le commandement des troupes et la surveillance des magasins formés dans les places fortes.

Par ces dispositions, il n'y aurait plus de divisions territoriales ni de commandants de département, mais des brigades commandées par des maréchaux de camp sous les ordres du lieutenant général et sous la surveillance d'un inspecteur général. La France militaire serait divisée en dix grandes inspections et en dix commandements de frontières. Cette organisation procurerait presque tous les avantages d'une division de l'armée en corps d'armée, s'accorderait mieux à nos anciens usages et produirait une très grande économie, ce que quelques calculs pourraient démontrer.

Les inspecteurs généraux ne doivent être que des maréchaux de France ou des généraux ayant commandé en chef ou les plus anciens lieutenants généraux; ces chefs de l'armée en sont les surveillants naturels par leur rang, par leurs services et par leur âge; il n'appartient qu'à eux de rappeler à leurs devoirs, de conseiller, de réprimander même des généraux dont ils ont été les instituteurs et qui se sont élevés sous leurs yeux et avec leur appui aux premiers grades; n'est-ce pas un contresens que de charger un maréchal de camp ou un lieutenant général, nouvellement promu, d'inspecter les troupes commandées par un général dont il fut peut-être l'aide de camp; d'examiner sa conduite et de quelle manière il maintient l'ordre et la discipline, d'en rendre compte; quel froissement pour l'amour-propre d'un vieux et illustre général !

Un inspecteur général aurait, pour l'aider, un chef d'état-major, maréchal de camp ou lieutenant général, et plusieurs colonels et lieutenants-colonels de l'état-major; il établirait son quartier général successivement dans les principales villes de la portion de la France qu'occuperaient les brigades et où seraient situés les grands dépôts, dont il aurait la surveillance pendant une année.

A l'appui de ce mode d'administration, les exemples ne manquent pas, on en trouve en France comme dans les pays étrangers ; en France, les corps du génie et de l'artillerie ont des ateliers et des arsenaux gouvernés par des généraux et des colonels ; l'Autriche qui, pour entretenir une grande armée, a besoin d'une grande économie, a des établissements où se confectionnent les effets d'habillement et d'équipement, et qui sont régis par des généraux, des officiers et des sous-officiers vétérans. Jamais je n'ai entendu s'élever un soupçon contre l'administration de nos officiers d'artillerie et du génie, qui ont un maniement de fonds très considérable, ce qui prouve que s'il y a eu quelques dilapidations dans l'administration de l'infanterie et de la cavalerie, il faut en accuser plutôt l'institution et les circonstances que les hommes. Les officiers vétérans de l'artillerie et du génie obtiennent des directions et des sous-directions qui leur procurent, au déclin des forces physiques, une existence douce et pourtant toujours active ; ils ont le bonheur d'être utiles jusqu'au dernier moment, leur sort est envié par les vieux officiers des autres armes.

Nous avons dans l'administration de la Légion d'honneur un modèle parfait d'ordre et de simplicité. M. le maréchal Macdonald, aidé d'un très petit nombre d'hommes de bien et de talent, surveille et dirige l'éducation de six cents demoiselles, dont les noms sont tous honorables, et rappellent des services; il parvient, par des moyens d'une extrême facilité, à déposer dans vingt mille chaumières l'offrande de la patrie; il peut, dans tous les instants, vérifier l'état et le mouvement de sa vaste administration, dont chaque année il rend au roi les comptes avec une lucidité admirable. Cependant cette belle administration n'est pas remarquée autant qu'elle en est digne, et je ne sache pas qu'on ait cherché à l'imiter. Serait-ce parce que, insouciants sur le bien, nous ne serions sensibles qu'à la douleur; ou l'accusation de nos détracteurs ne serait-elle qu'une médisance, quand ils disent qu'aimables comme des enfants polis et bien élevés, nous avons aussi un peu de la légèreté et de l'inattention du jeune âge.

Cet exemple de ce que peut un militaire doué d'un esprit droit, d'un caractère ferme et d'un cœur loyal, est sans doute le plus beau, mais il n'est pas le seul; l'hôtel des invalides, les collèges de la Flèche et de Saint-Cyr, gouvernés et régis par des militaires, offrent aussi des preuves incontestables de l'ordre qu'ils peuvent établir et maintenir, et des avantages immenses que le gouvernement trouverait à ne confier qu'à des vétérans l'administration de l'armée.

TABLEAU D'UN NOUVEAU MODE D'ADMINISTRATION DE L'ARMÉE.

MINISTÈRE DE LA GUERRE.

INSPECTEURS GÉNÉRAUX, MARÉCHAUX DE FRANCE OU GÉNÉRAUX D'ARMÉE, OU ANCIENS LIEUTENANTS GÉNÉRAUX.

OFFICIERS MINISTÉRIELS chargés des revues et de surveiller l'exécution des lois, des ordres du Roi, sous les rapports de l'administration et de la justice, et d'en rendre des comptes fréquents.

Transmission et route des ordres du Roi.	ARMÉE.	Retour des ordres du Roi, en Rapports et Etats de Situation et de Mutations envoyés au Ministre.	Retour des ordres du Roi, en Comptes et Rapports très fréquents au Ministre.	ADMINISTRATION.	Transmission et route des ordres du Roi.
	Discipline, Instruction, Mouvements, Batailles.			Solde, Habillement, Équipement et Armement, Vivres, Hôpitaux, Transports et Remontes.	
	Conseil supérieur de guerre.			Conseil supérieur d'administration.	
	Généraux, Colonels, Lieutenants-colonels.			Gouverneurs des grands dépôts et leurs aides.	
	Officiers des régiments et des bataillons composant les conseils de surveillance.			Agents comptables attachés aux régiments et aux bataillons.	
	Sergents-majors.			Sergents fourriers.	

TROISIÈME PARTIE

De l'armée d'après l'expérience des dernières guerres.

De la formation des groupes et de la méthode pour les faire se mouvoir, combattre et employer les armes.

On ne peut savoir ce qu'il faut pour vaincre, sans avoir éprouvé cent fois les inquiétudes ou plutôt les angoisses du champ de bataille ; ce n'est que sous une voûte de fer et de feu, dans les marches de guerre et les bivouacs, dans les hôpitaux, dans les douleurs d'horribles retraites, sur des terrains couverts de blessés et de morts, que l'on peut reconnaître à quoi tient la victoire, que l'on peut s'assurer des avantages de la mobilité des combattants et des machines de guerre, ainsi que des moyens de conserver la santé et les forces morales et physiques du soldat ; c'est ainsi que le médecin s'établit au chevet du lit du malade, pour étudier l'art de le guérir.

Des paysans, de simples bourgeois ont pu vaincre de grandes armées avec des troupes peu nombreuses ; il ne fallut à Miltiade, à Cincinnatus que du sang-froid et de la valeur : leur ordre de bataille.

facile à former et à reconnaître, ne demandait ni attention ni intelligence de leur part; peu de commandements suffisaient pour indiquer les manœuvres simples que leurs soldats avaient à exécuter.

L'ordonnance des Romains était si forte, qu'ils ne furent battus que lorsqu'ils ne purent en faire usage, ou lorsqu'ils l'abandonnèrent, en remplaçant, dans leurs armées, les légions par des masses de barbares.

Sous le rapport de son organisation, et même de son action, une armée peut être comparée à une machine qui, pour être bonne et utile, doit réunir, à la solidité, une grande simplicité dans ses éléments, de sorte que l'homme le plus ordinaire puisse la faire mouvoir, l'entretenir et la réparer; car les hommes de génie, les ouvriers habiles sont rares, et se tiennent à l'écart; on ne les recherche, on ne les appelle qu'avec répugnance, et souvent lorsqu'il n'est plus temps. Il faut donc s'arranger pour se passer d'eux.

Nous venons de vaincre l'Europe, parce que nous avions ajouté aux perfectionnements introduits par Frédéric II, qui préféra à tout la gloire d'instruire et de constituer sa nation; parce que notre armée était plus mobile, plus divisible que celles de nos ennemis; nous avons vaincu, et cependant nos chefs les plus illustres n'étaient que de simples soldats, des officiers subalternes, ou des citoyens jusqu'alors étrangers à l'art des combats; tant est grande la puissance d'une bonne organisation. Nos rivaux profitèrent de nos leçons, comme nous profitâmes de celles du grand Frédéric ; ils conserveront ce que les dernières guerres leur ont appris. Mais, pour nous, tant d'expérience sera-t-elle perdue ? Quand l'heure des combats sonnera, faudra-t-il nous y présenter sans cette supériorité d'organisation qui nous a valu tant de succès ? n'aurons-nous donc rien de nouveau à apprendre à nos ennemis ?

Pour acquérir cette supériorité, il faut chercher sur nos champs de bataille les causes qui nous ont donné la victoire, et les causes de nos revers, plutôt que dans nos règlements, qui ne représentent que les connaissances de l'époque où ils ont été rédigés ; plutôt que dans des combinaisons qui se rattachent à des armes, à des mœurs, à des nécessités politiques qui n'existent plus. C'est en se plaçant au-dessus des temps, des événements et surtout des passions du jour, qu'on peut espérer de découvrir une théorie de l'art militaire qui soit claire, simple, identique dans ses rapports et ses détails ; applicable à toutes les parties de l'art, à toutes les circonstances de la guerre, et convenable au temps présent.

Pour attaquer ou se défendre, des hommes à pied doivent se grouper afin de réunir leurs forces, et de se couvrir mutuellement les flancs et le dos ; ce groupe devient un individu qui, pour se maintenir tel, doit obéir à la voix d'un seul.

Une armée est une réunion de ces groupes ; s'ils diffèrent entre eux par le nombre d'hommes qui les composent et par les armes, il en résultera, dans les mouvements qu'ils doivent exécuter, des frottements et un désordre dont l'ennemi profitera, et il faudra au chef de l'armée beaucoup de temps et d'habileté pour les coordonner entre eux. Si, au contraire, ces groupes sont tous pareils, si chacun d'eux est à lui seul une petite armée, leur réunion offrira une masse parfaitement semblable dans ses éléments, divisible et capable d'exécuter tous les mouvements avec ordre et célérité; des règles et des commandements peu nombreux suffiront pour toutes les dispositions que les accidents du terrain et de la guerre pourraient exiger; et cette hésitation dans les manœuvres, ce désordre que l'ignorance ou l'inapplication d'un seul officier peuvent occasionner, qui donnent à l'ennemi des chances favorables, ne seront plus à craindre.

Mais quelle devra être la force, le nombre, la composition de ce groupe élémentaire qui doit pouvoir se suffire à lui-même et ressembler à l'armée dont il est un fragment? Nous n'avons que l'expérience de la guerre pour en déterminer la mesure; il doit faire, dans le système militaire, le même office que le *mètre* dans le système des poids et mesures, que des savants découvrirent dans la division d'un degré du méridien. L'expérience, sans offrir une base aussi incontestable, peut suffire; car son résultat peut être considéré comme une nécessité.

L'infanterie est l'armée, les autres armes ne sont

qu'accessoires; elle peut résister et vaincre sans elles. Les autres armes aident à ses succès, qu'elles complètent; elles aident à sa résistance et peuvent la garantir d'une défaite; mais c'est dans l'infanterie que se trouvent la force et la consistance de l'armée; c'est dans son organisation que se trouve son salut, car des hommes à pied combattent et doivent vaincre ou mourir sur la place; la cavalerie s'échappe au danger et peut espérer son salut de sa vitesse et ses succès de sa mobilité; les ingénieurs et artilleurs ne sont que des fantassins différemment armés. Je dirai les remarques que j'ai faites sur les différentes armes; mais je donnerai mon avis avec assurance sur l'infanterie, parce que, pendant vingt-trois ans, chef de bataillon, colonel, général commandant ou une brigade, ou une division, ou un corps d'armée, j'en ai mené à la victoire, du tropique aux rives de la Moscova.

Du bataillon considéré comme groupe élémentaire.

Le nom de bataillon dont l'acception est connue, me paraît convenir le mieux au groupe qui doit être à la fois un modèle et un fragment d'armée.

Une armée se compose d'une avant-garde, d'un corps de bataille, d'une réserve; elle a de l'artillerie, de la cavalerie, des chariots d'ambulance, de munitions, de vivres et de bagages; elle doit pouvoir se diviser et se recomposer ainsi que l'exigent les circonstances de guerre. Tel doit être le bataillon dans sa composition. Sa force doit être suffisante pour qu'il puisse résister au choc de la cavalerie, son nombre ne doit pas dépasser mille hommes, soit parce que au delà de l'étendue que comporte ce nombre la voix du chef ne pourrait plus se faire entendre, soit parce que ce nombre suffit pour fournir la quantité de feux nécessaire pour repousser la cavalerie, soit parce qu'enfin il convient pour la régularité des subdivisions et pour la précision des manœuvres. Le bataillon ainsi composé, considéré comme subdivision et fragment d'une armée, a précisément la consistance nécessaire, soit qu'il agisse ou qu'il résiste seul, soit que, réuni à d'autres, il ait à se mouvoir et à agir dans les manœuvres d'une division d'armée.

L'avant-garde d'un bataillon serait formée par une compagnie d'éclaireurs (1).

Le corps de bataille par six compagnies de fusiliers, la réserve serait composée d'une compagnie de grenadiers, d'une escouade de canonniers, d'une

---

(1) La vraie dénomination serait celle de *vélites*, agiles, rapides; ce mot vient de *velox*. Les grenadiers sont une troupe d'élite, qui furent chargés autrefois de jeter les grenades ; mais le nom de voltigeur, qui dérive d'une allusion, ne convient point à une troupe d'élite qui n'a rien ni dans son vêtement, ni dans ses armes, qui ait rapport à des ailes, et dont le service n'est point d'imiter les oiseaux, mais bien de couvrir la colonne et de veiller sur les mouvements de l'ennemi. On nomme tirailleur, le tireur qui combat hors des rangs.

escouade de sapeurs et pontonniers, d'une escouade de soldats du train et d'ambulance; enfin d'une brigade de guides à cheval volontaires.

Chaque compagnie aurait quatre officiers, dont un capitaine, un premier lieutenant, un second lieutenant et un adjudant. Chaque section aurait son sergent, chaque escouade son caporal, un sergent-major surveillerait la discipline et le service, un sergent fourrier serait chargé de l'administration de la compagnie.

Chaque compagnie se composerait, en temps de guerre, de 108 fusiliers; une division formée de deux compagnies sur trois rangs aurait en ligne 72 files, étendue au delà de laquelle il est difficile d'exécuter les quarts de conversion, et qui est suffisante pour repousser la cavalerie par ses feux.

Le capitaine de grenadiers et de la réserve serait aussi le chef du bataillon; son premier lieutenant commanderait sa compagnie dans les manœuvres. L'adjudant-major serait un lieutenant détaché d'une compagnie du centre, ainsi que l'adjudant. Si j'ai assigné quatre officiers à chaque compagnie, c'est pour pouvoir en détacher un certain nombre, soit pour le service de l'état-major, soit pour d'autres services; le capitaine d'éclaireurs, les capitaines de la première et de la deuxième compagnie seraient de première classe, et distingués par quelques insignes. Si le chef de bataillon n'a pas de compagnie dont les soins l'occupent, placé entre les capitaines et le lieutenant-colonel du régiment, il est trop isolé, son grade n'a d'importance que dans les manœuvres, tandis que s'il commande comme capitaine les grenadiers et les autres troupes de la réserve, il se les attache plus particulièrement, en connaît tous les individus, et pourra en disposer avec plus de succès, ce qui est essentiel ; car c'est avec cette réserve qu'il doit vaincre, ou au moins éviter une défaite.

J'ai réuni aux grenadiers les escouades de canonniers, de sapeurs pontonniers, de soldats du train, d'abord pour l'administration, secondement pour que leur place de bataille soit fixée, s'ils n'ont pas de canons à servir ou de travaux à faire.

La création d'une brigade de guides à cheval attachés au bataillon, me semble utile sous plusieurs rapports ; ces guides devraient avoir reçu une bonne éducation, parler chacun une langue étrangère, se fournir d'un cheval, que l'État nourrirait seulement ; leur service ordinaire serait celui d'ordonnances près des généraux et des colonels ; on dispenserait ainsi les régiments de cavalerie de qui on les tire, de la nécessité de s'épuiser pour ce service : cinquante hommes d'élite sortent des rangs d'un régiment, dès le commencement de la campagne, ne reçoivent plus d'instruction, crèvent leurs chevaux, en prennent peu de soin, et n'ont d'ailleurs ni le talent ni l'intelligence suffisante pour remplir l'emploi d'ordonnance, fort important cependant ; car d'une lettre, d'un rapport dont on les charge, peut dépendre le salut de l'armée. Ces guides à cheval volontaires

devraient avoir le grade de caporal ; leur commandant, celui de sergent, et concourir avec les autres
sous-officiers pour l'avancement. Ce service serait
recherché par les enfants des familles aisées, parce
que, placés sous la surveillance immédiate du chef
de bataillon, il les aiderait à conserver et à augmenter les connaissances qu'ils auraient acquises
dans leur famille.

Outre le service d'ordonnance, les guides en
auraient à rendre d'autres non moins importants ;
ils seraient chargés d'éclairer les colonnes, d'escorter l'artillerie, les convois, les équipages ; ils pourraient être envoyés sur les flancs et les derrières de
l'ennemi, charger une troupe en désordre, faire un
parti, ayant des éclaireurs en croupe ; dans une division, le général pourrait les réunir en escadron.

Les canons destinés à suivre un bataillon doivent
être légers, de petit calibre, mais de longue portée ;
il faut qu'on puisse les démonter, porter à bras le
canon et les pièces de l'affût ; que les munitions ren-
fermée dans des caisses soient transportées sur un
chariot solide et léger ; il faut aussi que le chariot
d'ambulance soit léger, et construit pour servir aux
blessés : les grands fourgons ne peuvent suivre l'infanterie et servent souvent plus aux chirurgiens et
aux gens de l'ambulance qu'aux malades.

Le corps de bataille ne se composerait que de
trois divisions : il en faudrait cependant quatre pour
former un carré ; mais dans le cas où cette disposition deviendrait nécessaire, les sections d'éclai-

reurs viennent occuper l'espace compris entre la deuxième et la troisième division, tandis que les grenadiers se placeraient en réserve, dans le centre du carré, pour se porter au secours des points qui seraient menacés ou ouverts par le choc de la cavalerie ennemie, et sur les extrémités de l'une des diagonales du carré, pour en flanquer les faces. L'administration du bataillon serait confiée à un agent comptable trésorier, et celle de chaque compagnie à un sergent fourrier, ainsi que je l'ai dit dans la deuxième partie.

Un adjudant dirigerait tout ce qui serait relatif au campement et aux logements, ainsi qu'aux équipages.

Plusieurs bataillons, ainsi organisés, composeraient un régiment, sous le commandement d'un colonel et d'un lieutenant-colonel ; car si, comme corps élémentaire, un bataillon doit avoir l'organisation d'une armée, il serait contraire à l'administration, à la discipline, à la solidité de l'armée, si je puis m'exprimer ainsi, de le laisser dans l'isolement. Un agent d'administration, officier supérieur, serait attaché au régiment.

Deux bataillons suffisent pour composer un régiment ; mais le nombre de trois me paraît le plus favorable, soit sous le rapport des manœuvres, soit sous celui de la consistance de cette division permanente de l'armée, soit enfin sous celui de l'administration.

En campagne, un régiment de deux bataillons est

TABLEAU

DE L'ORGANISATION D'UN BATAILLON CONSIDÉRÉ COMME GROUPE ÉLÉMENTAIRE, OU MODÈLE D'UNE ARMÉE.

	ADMINISTRATION.
AVANT-GARDE OU INFANTERIE LÉGÈRE. — UNE COMPAGNIE D'ÉCLAIREURS. 1 capitaine. 1 premier lieutenant. 1 deuxième lieutenant. 1 adjudant. 1 sergent-major. 4 sergents. 8 caporaux. 2 cornets. 108 éclaireurs.	1 sergent fourrier.
CORPS DE BATAILLE, COMPOSÉ DE SIX COMPAGNIES DE FUSILIERS. 6 capitaines. 6 premiers lieutenants. 6 seconds lieutenants. 6 adjudants. 6 sergents-majors. 24 sergents. 48 caporaux. 12 tambours. 648 fusiliers.	6 sergents fourriers.
CORPS DE RÉSERVE. — UNE COMPAGNIE DE GRENADIERS, ETC. 1 chef de bataillon. 1 premier lieutenant. 1 second lieutenant. 1 adjudant. 1 sergent-major. 4 sergents. 8 caporaux. 2 tambours. 108 grenadiers. Une escouade sapeurs pontonniers........ 1 sergent. 1 caporal. 12 sapeurs. Une escouade canonniers................. 1 sergent. 1 caporal. 12 canonniers. Une escouade guides à cheval volontaires.... 1 sergent. 10 caporaux. Une escouade soldats du train et d'ambulance. 1 sergent. 1 caporal. 12 soldats. Une escouade boulangers et autres ouvriers... 1 sergent. 1 caporal. 12 ouvriers. 1 tambour-maître.	1 sergent fourrier.
TOTAUX. 1 chef de bataillon. 7 capitaines. 8 premiers lieutenants. 8 seconds lieutenants. 8 adjudants. 8 sergents-majors. 38 sergents. 78 caporaux. 16 tambours. 912 soldats. Total des officiers... 32. Total des sous-officiers, caporaux et soldats... 1652.	1 agent officier. 1 secrétaire sergent. 1 chirurgien. Chariot d'ambulance. Chariot de vivres. Chariot de bagages. 1 petit chariot pour les outils et les cordages. Ces chariots doivent être à deux roues et à deux chevaux.

OBSERVATIONS.

Le capitaine et le premier lieutenant des éclaireurs, le premier lieutenant des grenadiers, les quatre plus anciens capitaines, les quatre plus anciens lieutenants en premier et en second, les quatre plus anciens adjudants, sont de première classe, et leur traitement est augmenté d'un dixième.

Les compagnies sont formées sur trois rangs ; mais après quelques mois de campagne et des batailles qui auront occasionné une diminution d'un tiers, plus ou moins, on pourra ne les former que sur deux rangs, sans danger, parce que les soldats seront aguerris.

trop vite épuisé, par les détachements, les gardes des parcs et des quartiers généraux.

Quatre bataillons transforment un régiment en brigade, et changent les principes de la division de l'armée et de l'ordre des manœuvres. (*Voyez le tableau ci-contre.*)

De l'État-major.

Sous la dénomination d'état-major, on désigne tous les officiers qui ne sont pas employés dans les compagnies. On dit ainsi l'état-major du bataillon, du régiment, de la brigade, de la division, de l'armée.

Parmi les officiers de l'état-major, on distingue les généraux, les colonels, les lieutenants-colonels, de ceux qui ne sont que leurs aides ; tels que les aides de camp, les adjoints, les adjudants-majors, les adjudants.

Chez les nations où la civilisation et ses habitudes ne sont point encore descendues des sommités, où le rang refuse de se soumettre au grade, on ne le fait qu'avec répugnance ; où l'éducation des classes inférieures ne permet que rarement de trouver dans leur sein des hommes capables d'occuper les premiers emplois, la nécessité, source de toutes les conceptions, a forcé leurs gouvernants à établir une clause d'officiers choisis et élevés avec un grand soin, pour former les cadres de l'armée et de ses divisions, pour être les aides des généraux, et le devenir. Ces motifs n'existent point pour la France, où un vaste système d'éducation répand, sur toutes les classes qui ne sont pas exclusivement occupées de travaux manuels, les connaissances de tout genre et l'aptitude à tous les emplois ; où les lois fondamentales ne reconnaissent aucun privilège exclusif ; où le gouvernement peut étendre son choix sur une masse immense de talents et de capacités ; où il suffit d'un appel, pour faire sortir de la foule des hommes du plus grand mérite, ainsi que les dernières guerres en ont fourni de nombreuses preuves.

Pourquoi donc rejetterait-on le grand avantage de conserver aux officiers employés comme adjudants-majors ou adjudants, comme officiers d'ordonnance, aides de camp, adjoints, leur place dans une compagnie, qu'ils reprendront sans éclat et sans murmure, si le motif qui les en avait fait sortir a cessé ?

D'après ces considérations, je penserais qu'il ne convient pas à la France de chercher chez ses voisins le modèle d'organisation des cadres de son armée ; qu'elle peut faire mieux, parce qu'elle en a de plus grands moyens, et qu'au lieu de renfermer dans un corps spécial tous les officiers de l'état-major, on peut en étendre le choix sur la totalité des officiers de l'armée. C'est dans ce but que, dans l'organisation du bataillon, j'ai assigné quatre officiers à chaque compagnie, afin de pouvoir en détacher un quart, s'il le fallait, pour les services généraux de l'armée et de ses divisions.

Cette disposition produirait une honorable émulation entre les officiers, qui tous aspireraient aux emplois de l'état-major, parce que ces emplois leur donnent de plus grands moyens de s'acquérir des mérites, et, par conséquent, plus de chances d'avancement ; elle leur inspirerait le goût et l'estime de l'étude, et, en les excitant au travail, les arracherait à l'oisiveté, source de l'ennui des garnisons.

S'il est embarrassant pour le ministère, et pesant pour le trésor, d'avoir, à la paix, un grand nombre d'officiers d'état-major sans emploi, il n'est pas moins pénible, pour un général, de se voir entouré, en entrant en campagne, d'officiers qu'il ne connaît pas, qu'il redoute peut-être, et qui, pourtant, doivent être ses commensaux, doivent être admis non seulement dans son intimité, mais encore plus ou moins dans le secret de ses combinaisons.

Après un certain temps passé à l'état-major, il est rare qu'un jeune officier ne prenne sur ses camarades, demeurés dans les rangs, un ton de suffisance et de présomption qui les blesse ; il a l'avantage d'avoir de beaux chevaux, et eux se traînent dans la boue ; il a la faveur du général ; il est initié dans ses projets, et eux sont perdus dans la foule ; il se trouve dans tous les petits combats, dont il se donnera peut-être le mérite, parce qu'il en a porté l'ordre et qu'il en fera le rapport : qu'on ajoute les succès de salon à ces causes si propres à exalter la vanité et l'avide impatience d'un jeune homme.

Mais si sa place est dans les rangs, il se le rappelle ; s'il n'est que détaché à l'état-major, il voit sans cesse dans ses camarades les rivaux qui peuvent le remplacer; il se gardera d'en humilier aucun dans sa prospérité, car il prévoit l'instant où il rentrera parmi eux.

D'ailleurs, sans entretenir un corps spécial d'état-major, on peut avoir une école où les officiers qui désireraient suivre cette carrière viendraient perfectionner et appliquer leurs connaissances, prendre part à l'exécution de grands travaux topographiques et conserver l'habitude de parler les langues étrangères qu'ils auraient apprises, soit dans leurs familles, soit dans les écoles militaires.

Au résultat, tout ce décide sur le champ de bataille, et là il faut surtout du coup d'œil et du sang-froid, une activité indomptable, qui ne connaît ni fatigue, ni retardement ; il faut cette valeur, cette adresse, qui se retirent de tous les embarras. Voilà ce que les maîtres n'enseignent pas, et ce qui, pourtant, assure le succès de la guerre. Ce n'est que lorsqu'un général, un colonel pourra choisir dans un grand nombre, qu'il trouvera des officiers d'état-major qui joignissent l'instruction à ces éminentes qualités naturelles.

On ne verrait plus, en temps de paix, des hommes de mérite, des officiers, qui auront rendu de bons services à la guerre, subir l'humiliation de se traîner dans les bureaux du ministère, pour obtenir d'être arrachés à l'oisiveté, si ceux qui n'auront pû être conservés à l'état-major ont retrouvé une place dans les régiments.

Mais s'il est avantageux de n'employer comme aides, dans les états-majors, que des officiers détachés des compagnies où leur place serait conservée, je crois qu'il ne serait ni moins utile ni moins convenable de placer dans le cadre de l'armée tous les colonels et tous les lieutenants-colonels, de sorte qu'ils ne fussent appelés au commandement des régiments que par lettres de service renouvelées chaque année. On trouverait dans cette disposition, à l'égard des colonels et des lieutenants-colonels, tous les avantages, et aucun des inconvénients de l'ordre actuellement établi ; en effet, rien ne s'opposerait à ce qu'un colonel, quoiqu'il n'y fût maintenu que par lettres de service, ne conservât plusieurs années le commandement du même régiment ; puisqu'il est bien reconnu et bien vrai que, pour obtenir des succès, il faut qu'un général, un colonel soient aimés et estimés des officiers et des soldats qu'ils commandent ; et que, pour parvenir à connaître l'esprit, le caractère et le talent de chacun, pour inspirer la confiance et apprécier les capacités, il faut du temps, des soins et de la peine.

Heureux le général qui sait commander à des Français ; il peut tout entreprendre et tout espérer. Si son âme est noble et ardente comme les leurs ; si son cœur et ses sentiments sont en rapport avec les leurs, il peut se dispenser de compter ceux qui le suivent, il peut marcher sans crainte à l'ennemi, quelque nombreux qu'il soit : son aspect, son geste, le son de sa voix vaudront des bataillons ; l'enthousiame qu'excitera sa présence ou son nom portera le désordre dans les rangs ennemis plus sûrement que les batteries les mieux servies. Tel fut le secret des grands capitaines de notre âge, et surtout de celui qui fit pâlir toutes les renommées. Ce fut le secret de Turenne, que ses soldats révélèrent quand, en apprenant sa mort, ils s'écriaient : *laissez aller la Pie, elle nous conduira;* celui de Henri IV se précipitant avec quelques escadrons sur l'armée espagnole qu'il disperse ; du prince de Condé à Rocroi, à Fribourg, et surtout à Lens. Ce fut celui de tous les grands guerriers de la France, et probablement de toutes les nations.

Le déplacement d'un bon colonel ne pourra donc jamais avoir lieu que pour lui donner de l'avancement ou pour des motifs politiques, et, dans ce dernier cas, des lettres de service lui donnent une autre destination ; le régiment peut le regretter, mais il n'éprouve aucun étonnement ni ressentiment; tandis qu'actuellement, un colonel qui mécontente ne peut être éloigné de son régiment que par un avancement précoce et immérité, ou par une disgrâce qui fait éclat. Cependant il arrive souvent qu'il faut en venir à ces extrémités; car, en temps de paix comme aussi en temps de guerre, l'ancienneté, la faveur et même un service distingué, peuvent élever au grade de colonels et de lieutenants-colonels des officiers incapables de commander un régiment. Les généraux de terre et de mer, et tous les officiers de la marine, n'ont de commandement que par lettres de service : ceux d'entre eux qui ne sont point employés sont entretenus en disponibilité ; il en serait ainsi pour les colonels et les lieutenants-colonels qui, d'ailleurs, outre le commandement des régiments, ont de nombreux emplois à remplir à l'état-major, où ils sont chargés de la direction des bureaux, des reconnaissances militaires, des grands travaux topographiques, des avant-gardes, des détachements. Il y a moins d'inconvénient à mettre en disponibilité des officiers généraux et supérieurs qui, la plupart, ont un établissement fait, jouissent de quelque héritage, et ont un traitement suffisant pour les faire vivre, que des officiers inférieurs dont la solde est moindre, et qui ne peuvent guère jouir que d'une pension de leur famille, si tant est qu'ils appartinssent à une famille assez opulente pour leur en faire une.

Je conclus donc qu'il ne devrait y avoir que deux ordres d'officiers : les uns, ayant leur place dans les compagnies, pourraient en être détachés momentanément pour les services de l'état-major et autres, et devraient trouver, dans une école spéciale, les moyens et les secours pour cultiver et augmenter les connaissances qu'ils auraient acquises dans leur première éducation ; les autres formeraient le cadre permanent de l'armée. Ils seraient tous généraux, colonels ou lieutenants-colonels ; ils seraient employés, par lettres de service, au commandement des régiments, des brigades et des grandes divisions de l'armée, et rempliraient les hautes fonctions de l'état-major. Les officiers détachés des compagnies conserveraient l'uniforme de leur régiment, auquel on ajouterait un insigne mobile, qui ferait reconnaître les fonctions qu'ils auraient à remplir à l'état-major.

Les colonels auraient un uniforme désigné pour leur grade, et on pourrait y ajouter aussi un insigne mobile indiquant leurs fonctions.

Il me reste à montrer, sur le terrain et dans les manœuvres de guerre, les bataillons et les régiments organisés ainsi que je l'ai dit, et à exposer ma pensée et mes remarques sur l'éducation de l'officier et du soldat, sur l'habillement, l'équipement et l'armement, sous les rapports de l'attaque et de la défense, et sous celui de la conservation de la santé.

De l'ordre de bataille, des manœuvres d'un bataillon et d'un corps de plusieurs bataillons ; des manœuvres des grenadiers et des éclaireurs.

On dit qu'une troupe est en bataille si elle est étendue sur une ligne ; cette définition n'est pas exacte : être en bataille, c'est être hors du danger d'être surpris et être prêt à recevoir le combat. Ainsi, on ne doit étendre une troupe sur une seule ligne qu'autant que cette ligne serait gardée à dos et sur ses flancs par des obstacles et des réserves. Cette définition est dangereuse, parce qu'il peut se

trouver que des officiers, faute d'expérience, faute
d'examiner les localités et les circonstances, croi-
raient avoir rempli leurs devoirs, en formant leur
troupe conformément à cette prescription de l'ordonnance, ce qui ne la sauverait pas d'être renversée
par une attaque soudaine de cavalerie. Je pourrais
citer plusieurs exemples d'une pareille méprise.

On est étonné des débats qui, dans le siècle dernier, se sont élevés pour l'ordre profond et pour
l'ordre mince ; j'ai encore entendu, dans les com-
mencements de la dernière guerre, des généraux
les renouveler. En Italie, on trouva admirable les
dispositions faites par Bernadotte, au passage du
Tagliamento, qui, ayant devant lui une nombreuse
cavalerie, et manœuvrant dans une plaine, plaça
deux bataillons en colonne, sur les ailes d'un bataillon déployé ; cet ordre pouvait être meilleur, on
l'admira parce que lorsqu'un précepte erroné comprime l'intelligence et fausse le bon sens, l'idée la
plus simple devient un trait de lumière.

L'ordre de bataille, l'ordre habituel doit être celui
qui convient le plus souvent aux terrains et aux circonstances, et qui procure la facilité de le changer
par toute autre disposition, dans le moins de temps
et avec le plus d'ordre possible. Un bataillon en
colonne par division, à distance de peloton, me paraît
remplir le mieux ces conditions. En effet, il ne peut
être surpris ni à dos ni sur les flancs, par un choc de
cavalerie ou d'infanterie. Ce bataillon peut se déployer, en quelques secondes, avec ordre et sans

danger. Une colonne change son front sans se déformer, en pivotant sur elle-même ; c'est le seul ordre
à prendre dans une plaine unie ou mamelonnée, et
qui convînt à tous les terrains ; il me paraît donc
qu'il devrait être regardé comme l'ordre primitif et
fondamental de bataille. Qu'on place les éclaireurs
autour de cette colonne, qu'elle ait une réserve de
grenadiers, elle sera en état de recevoir le combat
et d'attaquer; elle sera donc en ordre de bataille.

Un corps de plusieurs bataillons, formant chacun
une colonne par division, à distance de peloton, exécutera toutes les manœuvres de guerre avec vitesse
et facilité, sans que l'ennemi le plus alerte puisse
trouver un instant favorable pour l'attaquer sur un
point qui soit vulnérable. Il suffira que, dans les
divers mouvements, chaque bataillon conservât avec
les bataillons voisins la distance qui lui sera nécessaire pour se déployer ; il faudra que son chef ait
assez d'habitude et d'expérience pour le diriger sans
tâtonnement vers la place qu'il doit occuper, de
sorte qu'il y marche et y arrive sans se heurter avec
les bataillons ses voisins. Ce qui sera d'autant plus
facile, que chaque peloton de tirailleurs devra être
étendu sur deux rangs, dans l'espace que tiendraient
la deuxième et troisième division, si elles reçoivent
l'ordre de sortir de la colonne pour se mettre en
ligne ; dans ce cas, les tirailleurs formeraient avec
les grenadiers une première ou une seconde ligne,
ou se formeraient en deux pelotons sur deux rangs,
à droite et à gauche des première et troisième divi-

sions, ou, si l'espace manquait, chaque peloton se ploierait par section.

Ces principes d'organisation rendraient l'instruction beaucoup plus facile. Ce gros volume d'ordonnance, qui est le tourment des officiers, l'occupation de toute leur vie, l'admiration des ignorants, serait réduit à quelques pages, et au lieu de ces manœuvres diverses et nombreuses, qui dans leur exécution mettent un corps de troupe dans un état de désordre et de faiblesse, on n'aurait qu'une seule et unique méthode, qui donnerait non-seulement l'avantage d'être toujours en état de défense et de combat, mais encore les moyens les plus simples et les plus faciles d'exécuter toutes les manœuvres que la conformation du terrain et toutes autres circonstances pourraient indiquer. Dans les mouvements pour y parvenir, la présence de l'ennemi ne pourrait être ni inquiétante, ni dangereuse, parce que chaque bataillon serait non-seulement toujours en état de recevoir le combat, mais encore parce que, dans les manœuvres de plusieurs bataillons, ils ne cesseraient un instant d'être tous placés de la manière la plus favorable pour se secourir mutuellement, et parce qu'ils auraient des éclaireurs pour observer l'ennemi, le tenir éloigné, lui cacher la manœuvre, et des grenadiers pour appuyer les éclaireurs, pour leur servir de ralliement et pour se porter partout où le danger les appellerait, parce que dans aucun moment les six compagnies formant le corps de bataille ne seraient désunies, n'auraient de détachement à faire, de tirailleurs à fournir ; qu'elles ne formeraient qu'un seul individu, mis en mouvement par un seul homme qui en serait l'âme et l'intelligence ; qu'elles demeureraient étrangères à l'agitation des éclaireurs et des grenadiers chargés de les protéger, d'éloigner d'elles l'ennemi et de réprimer les efforts qu'il ferait pour s'en approcher.

Il est vrai que, dans cet ordre de bataille, où les éclaireurs occupent la place que la première et la troisième division ont abandonnée dans la ligne, en se ployant en colonne en arrière de la division du centre, et où les grenadiers se tiennent en réserve par pelotons, à la hauteur de la troisième division quand elle est en colonne ; il est vrai, dis-je, que, dans cet ordre, le front est moindre d'un quart, puisque la division que formeraient les compagnies d'éclaireurs et de grenadiers, au lieu d'être étendue sur la ligne, serait employée comme troupe légère et comme réserve ; mais qu'on remarque quelle force cet emploi d'une division hors de ligne donne à toute la masse, que jamais un bataillon n'est déformé par les détachements et par la nécessité de tirer les tirailleurs du sein des compagnies. D'ailleurs, si une circonstance était telle qu'il fût convenable d'étendre les huit compagnies sur la même ligne, on peut le faire en ordonnant aux premières sections d'éclaireurs et de grenadiers de tenir la droite, et aux deuxièmes, de tenir la gauche.

Former une colonne par division, à distance de peloton, la serrer par section ou en masse, la déployer sur la division du centre, changer de direction ou de front à pivot fixe, si la colonne est serrée en masse ; à pivot mobile, si les divisions sont à distance et la colonne en marche ; exécuter des contre-marches sur place, enfin se former en carré contre la cavalerie : telles sont les manœuvres d'un bataillon avec lesquelles il exécutera tous les ordres qu'il poura recevoir, soit seul, soit réuni à d'autres : il suffit, pour leur parfaite exécution, que le soldat soit dressé à la marche par les flancs et aux quarts de conversion, et que le chef de bataillon ait du coup d'œil.

Dans cet ordre en colonne, le bataillon est, dans tous les instants de la manœuvre, prêt à recevoir les charges de la cavalerie, protégé par ses réserves, et protégeant les bataillons ses voisins, qui couvrent ses faces par leurs feux.

Si ce bataillon se trouvait déployé sur une ligne, il peut se plier en colonne en arrière de son centre, avec la plus grande célérité et sans aucun danger. Si, dans une manœuvre, un ou plusieurs bataillons perdaient une partie des distances qu'ils doivent conserver entre eux, cette faute est réparable à l'instant, et ne peut occasionner ni trouble, ni désordre ; il suffirait de donner l'ordre à un des bataillons de demeurer en seconde ligne jusqu'à ce qu'il puisse reprendre son rang par une nouvelle manœuvre.

Si un ou plusieurs bataillons marchant dans cet ordre ont à faire front sur l'un de leurs flancs, ils

changent de direction, se déploient, s'il est nécessaire, ou continuent leurs mouvements en colonne
et par le flanc ; dans tous les instants, un bataillon
ne cesse d'être un corps compact, un individu que
son chef, qui en est l'âme, fait mouvoir à sa volonté,
et qui peut demeurer dans son ordre, et impassible
lors même que la confusion se mettrait autour de
lui.

Les grenadiers et les éclaireurs doivent recevoir
une instruction spéciale pour remplir leur destination.

L'école des éclaireurs renferme toute la science
de la guerre : attaques vraies et fausses, feintes,
stratagèmes, retraite simulée, jeu des réserves,
attaques et défenses de villages et de retranchements, sont également de leur ressort; il n'est rien
de ce qu'un bon général peut imaginer, qui, proportionnellement à ses moyens, ne dût être pensé et
fait par un capitaine d'éclaireurs. Sans entrer dans
le détail de leur instruction, je me bornerai à énoncer le principe, qu'un éclaireur ne doit jamais
marcher seul; que les officiers doivent toujours se
faire accompagner par cinq ou six hommes, avec
lesquels ils peuvent porter un secours efficace, ou
servir de noyau au ralliement des tirailleurs. Deux
fantassins peuvent résister à plusieurs cavaliers, un
seul succombera ; un officier isolé est perdu dans
une ligne de tirailleurs ; pour qu'il puisse remplir
son devoir, il faut qu'il soit bien accompagné. J'ajou-
terai qu'il me paraît nécessaire qu'un officier d'éclai-

reurs soit armé d'un fusil léger, et que tous les officiers ainsi que les sous-officiers soient pourvus, pour transmettre les ordres, d'un instrument dont le son aigu puisse être entendu malgré le bruit de la fusillade et l'éloignement des éclaireurs.

Dans un bataillon formé en ordre de combat, j'ai indiqué la place des éclaireurs à la droite et à la gauche de la colonne, par section sur deux rangs. Dans le carré, chaque section viendra occuper l'espace compris entre la deuxième et la troisième division de la colonne qui sont à distance de peloton; dans toute autre circonstance, les éclaireurs manœuvrent d'après les nécessités du moment. S'il arrivait qu'il convînt d'étendre les huit compagnies sur une seule ligne, le peloton de droite des éclaireurs, qui dans l'ordre de bataille est déployé par deux sur l'emplacement de la première division, se formerait à droite de cette division, qui serait venu reprendre sa place; le peloton de droite des grenadiers se porterait à la droite de ce peloton d'éclaireurs, et le même mouvement s'exécuterait à la gauche par les deuxièmes pelotons d'éclaireurs et de grenadiers; de sorte que le bataillon en ligne demeurerait toujours encadré entre les pelotons de ses compagnies d'élite, comme il l'est dans l'ordre en colonne.

L'instruction des grenadiers est moins développée, puisqu'ils ne doivent jamais être employés en tirailleurs, que leur destination spéciale est de servir de réserve au bataillon; leur place, dans l'ordre de bataille, est sur la ligne de la troisième division de la colonne, en arrière des éclaireurs ; dans le carré contre la cavalerie, ils viennent en occuper le centre pour se porter au secours des faces le plus vivement attaquées, remplir les vides qui y auraient été faits. Deux escouades se placent sur les extrémités de l'une des diagonales, pour fortifier les points faibles et fournir des feux sur la ligne des faces du carré. Si la cavalerie abandonne son attaque, les grenadiers sortent rapidement du carré pour la poursuivre.

Les grenadiers ne doivent jamais être employés en tirailleurs, ils sont la réserve du bataillon, et doivent demeurer réunis par peloton, par section ; la seule occasion peut-être où la section puisse être divisée par escouade, est celle que je viens d'indiquer, lorsqu'il s'agirait de fortifier les angles du carré, ou de remplir un vide fait par le canon ou par un autre accident, dans les faces du carré.

Si l'escrime et les exercices gymnastiques qui procurent au soldat l'adresse pour se servir du fusil armé de la baïonnette comme arme de main, qui le rendent dispos et agile, sont utiles à tous, ils sont nécessaires à l'éclaireur et au grenadier ; car, soit qu'ils forment une ligne, soit qu'ils flanquent la colonne, soient qu'ils aient à attaquer ou à se défendre, à se porter en avant ou à se rallier, il faut une vitesse et une adresse égales ; aussi doivent-ils être des hommes d'élite et exercés avec un grand soin.

Par l'effet de cette organisation du bataillon et de

l'instruction qu'elle demande, le colonel, le général n'ont point à chercher dans leur mémoire les combinaisons avec lesquelles les ordres qu'ils ont reçus ou donnés devront être exécutés; au moyen d'une méthode simple et unique, un homme borné tout aussi bien que l'officier le plus habile, sans connaître ni les Grecs, ni les Romains, ni Folard, ni ses adversaires, disposera sa troupe en phalange ou en légion, la fera passer de l'ordre profond à l'ordre mince par des manœuvres rapides et sans danger, ainsi que la présence de l'ennemi et la conformation du terrain le lui indiquerait. Pour ces manœuvres, il ne faut à un chef de bataillon que de l'attention et du coup d'œil pour veiller à la conservation des distances entre les bataillons, aux alignements, et pour diriger les éclaireurs et la réserve, ce qu'il fait avec le secours des adjudants; car, comme le bataillon manœuvre constamment dans le même ordre, c'est-à-dire en colonne, qu'il se porte, comme le ferait un individu, sur le point qu'il doit occuper, qu'il doit y arriver par le chemin le plus court, son chef n'a point à faire un choix entre plusieurs manières d'opérer ce mouvement, et les officiers des compagnies ne peuvent jamais hésiter ni se tromper.

Il résulterait de l'adoption de ces principes et de cette méthode, qu'au lieu d'étudier les manœuvres théâtrales qui sont aujourd'hui en usage, l'officier étudierait la guerre, l'art d'attaquer l'ennemi et l'application des moyens d'attaque et de défense au terrain. Les manœuvres actuelles ne peuvent, sans un grand danger, être faites devant l'ennemi, parce qu'elles tiennent les pelotons dans un état de désordre et de confusion qui ne laisse aucune possibilité de résister à une attaque soudaine; en effet, qu'une charge de cavalerie survienne tandis que plusieurs bataillons se portent en avant en bataille par des demi-à-droite ou qu'ils se déploient par les règles de l'ordonnance, qu'arrivera-t-il? ce qui est arrivé cent fois, le massacre de ces bataillons. Ces manœuvres sont funestes aussi, parce que leur étude distrait de l'étude véritablement guerrière; elles sont tellement confuses qu'un officier, qui parvient à les faire exécuter avec quelque précision, passe pour un homme habile. Il y a eu des généraux qui n'ont eu d'autre mérite et qui ont fait battre les troupes qu'ils savaient faire manœuvrer dans un champ de Mars, mais qu'ils étaient incapables de mener contre l'ennemi; parce que leur tête n'était pleine que de formules et que, contents de leur vain savoir, ils n'avaient jamais songé à acquérir la véritable science de la guerre. J'ai vu aussi de bons généraux, ignorant les manœuvres de livres ou les dédaignant, s'en passer, vaincre et n'employer pour vaincre que des colonnes de bataillons. Pour mon compte, j'ai expérimenté pendant quinze ans la méthode dont je propose l'adoption, et j'ai obtenu un succès constant. D'ailleurs, cette méthode est puisée dans l'ordonnance, toutes ses dispositions sont connues; je ne propose rien de nouveau, je ne change rien, je dis seulement qu'il faut réduire l'ordonnance à quelques pages et rejeter tout ce qui est dangereux ou au moins inutile, ne garder que ce qui est applicable à la guerre et, au lieu de fausser l'esprit des officiers et de charger leur mémoire par une mauvaise étude, faire en sorte qu'ils n'appliquent leur attention que sur ce qu'il faut pour obtenir des succès, que sur ce qu'il faut faire sur le champ de bataille pour arracher la victoire ou au moins ne pas être défait. Une réforme semblable trouvera une grande contradiction, je le sais; il y a tant d'officiers qui n'ont d'autres mérites que celui de savoir l'ordonnance, qui ont pour elle une véritable admiration et qui se verraient avec chagrin contraints d'oublier ou de négliger la science qu'ils admirent, parce qu'ils l'ont acquise avec peine pour apprendre ce qui est réellement et seulement utile à la guerre. Ces braves gens s'imaginent, de bonne foi, que la limite de leur savoir est celle des connaissances et de l'intelligence humaine; qu'on est très habile et très capable de bien faire la guerre quand on sait placer des guides et commander un déploiement. Mais appliquons la nouvelle méthode au terrain.

Dans un changement de front, les bataillons se portent en colonne sur la ligne, en conservant leur ordre, couverts par leurs éclaireurs et protégés par leurs grenadiers dans tous les instants de ce mouvement. Ces bataillons ont été en ordre parfait pour recevoir une charge et pour se flanquer mutuellement.

S'il faut passer un défilé, le général le fait d'abord occuper par un ou deux bataillons qui prennent position ; le reste de ses troupes le passe sous leur protection.

S'il s'agit de porter quelques bataillons ou une aile entière sur l'extrémité de l'autre aile ou en seconde ligne, chaque bataillon quitte successivement la ligne et se porte, comme le ferait un seul individu, vers le point qui lui est indiqué par les officiers de l'état-major.

Si plusieurs bataillons, marchant en colonne par division à la suite les uns des autres, se trouvent, par le resserrement du chemin, dans le cas de diminuer leur front, le peloton de gauche se jette en arrière des pelotons de droite et, à mesure que l'espace se resserre, les sections en font de même, et enfin on marche par le flanc jusqu'à ce que successivement les sections, les pelotons, les divisions puissent se reformer. Cela est prescrit par l'ordonnance.

Les colonnes par division doivent avoir leur guide au centre, ainsi qu'il est prescrit pour les colonnes d'attaque.

L'alignement doit être pris successivement par chaque colonne ; le général indique le bataillon de direction dans la marche, et le bataillon d'alignement quand il veut prendre sa position. Il suffit, dans une marche de front, que les drapeaux de chaque bataillon se tiennent sur la ligne du drapeau du bataillon de direction. Les guides généraux sont utiles pour conserver les distances et l'alignement.

On forme deux lignes, ou en partageant le corps de troupes, de sorte que chaque ligne soit composée de bataillons complets ; ou bien, on forme une ligne avec les éclaireurs et les grenadiers seulement, et l'autre avec les colonnes. Dans ce cas, l'une des lignes déployée est flexible, très mobile, et capable de profiter de tous les accidents, de toutes les ressources de la localité pour se fortifier ; l'autre ligne, se composant de colonnes, est toujours prête à résister à la cavalerie et à faire un mouvement qui soit utile. Si la ligne flexible est repoussée, elle vient se rallier dans les intervalles des colonnes ; on se porte en arrière pour s'établir dans une nouvelle position, que les colonnes dépasseront ensuite : c'est ainsi que se feraient les retraites. La ligne déployée ne ménage pas les feux, les colonnes n'en font usage qu'autant qu'elles sont abordées par l'ennemi ; tandis que les colonnes se retirent, la ligne des éclaireurs a profité, pour s'établir, des accidents du terrain, d'un ravin, d'une haie, d'arbres, de buissons, où elle attend en silence l'ennemi, et le reçoit à bonne portée. Étonné de cette résistance, l'ennemi hésite, et fait ses dispositions pour les reconnaître et les vaincre ; mais la ligne d'éclaireurs quitte sa position, et se porte rapidement en arrière, protégée, dans ce mouvement rétrograde, par l'artillerie et les colonnes. On voit, dans cette manœuvre sur deux lignes, que l'une composée de masses compactes, appuyée par ses canons, est toujours prête à recevoir la charge ; que l'autre, par sa mobilité, se plie au terrain, profite de toutes ses ressources pour accroître sa force ; évite de s'engager, et se contente de harceler l'ennemi et de ralentir sa marche, en le forçant, à chaque pas, à faire une reconnaissance et des dispositions pour une attaque. C'est ainsi qu'une faible brigade d'arrière-garde soutint, dans le désert d'Elhanka en Égypte, pendant six heures, l'effort de la cavalerie turque. Je pourrais citer d'autres exemples ; le plus grand et le plus mémorable est celui qu'offrit, en 1812, la ligne des cosaques présentant à chaque instant le combat à notre cavalerie, et au moment de recevoir la charge disparaissant comme un météore ; une heure après, cette ligne flexible et d'une mobilité parfaite était reformée, laissant apercevoir de l'artillerie et de l'infanterie ; il fallait encore la reconnaître et faire des dispositions d'attaque, qui devenaient tout aussi vaines que les précédentes. Cependant notre cavalerie était harassée et s'épuisait, et l'armée russe faisait sa retraite en bon ordre et sans laisser ni un homme ni un débris derrière elle, prête à recevoir la charge de la cavalerie, qui voyait ses masses toutes les fois que le rideau des cosaques qui les couvrait s'ouvrait devant elle, mais qui ne pouvait se hasarder à les attaquer sans le secours de l'infanterie qu'elle avait laissée loin d'elle ; il nous eût fallu cent mille cavaliers polonais, organisés à la manière de leurs ancêtres, pour dissiper les cosaques, et attaquer l'armée russe avec les moyens et par les dispositions qu'elle employait pour faire sa retraite. C'est dans la supériorité de la cavalerie légère qu'est renfermé, je crois, le secret de la victoire contre l'empire russe ; les Tartares l'ont ainsi conquis. Il nous eût été si facile de nous donner cette supériorité ; les Polonais montraient un si grand désir d'indépendance ; ils sont si bons cavaliers, et ils ont tant de valeur ! A un signe, cent mille fussent montés à cheval et eussent accouru vers nous.

Si cet ordre sur deux lignes est le meilleur en retraite, il n'est pas moins avantageux pour l'attaque. La ligne des éclaireurs et des grenadiers, dont l'ennemi ne peut estimer ni la profondeur ni la force, surtout si son mouvement est favorisé par un terrain accidenté ou couvert, s'avance, et au moment de l'attaque, les colonnes surviennent qui s'engagent ; alors la première ligne, tout en couvrant les flancs des bataillons, s'arrête, se reforme, prend une position telle, que si les colonnes étaient repoussées, cette ligne puisse faire une résistance suffisante pour leur donner le temps de faire halte et volte-face.

On objectera que le feu de l'ennemi doit être plus meurtrier dans des colonnes ayant neuf rangs de profondeur que sur une ligne qui n'a que trois rangs ; il suffit, pour apprécier cette objection, de remarquer que les éclaireurs étant étendus sur l'espace abandonné par les divisions qui se sont ployées en arrière, l'ennemi ne peut distinguer la tête de la colonne et les parties de la ligne qui ont une plus grande profondeur; en second lieu, que les divisions de la colonne étant à distance de peloton, il faudrait que le terrain fût bien extraordinairement uni et horizontal pour que le boulet les traversât toutes ; que, d'ailleurs, il est beaucoup plus facile à un général de garantir, par un pli de terrain, le front d'une division, que celui d'une ligne triple en étendue. Enfin, le feu sera moins meurtrier, parce que le mouvement en colonnes d'attaque sera plus rapide et plus impétueux. Je puis citer des exemples : à la bataille de Wagram, la division qui était placée sur l'extrême droite de l'armée, formée sur deux lignes de colonnes d'attaque, parvint, en dix minutes, à aborder le corps de Rosemberg, posté sur le sommet d'un coteau dont elle avait à parcourir la pente à travers la cavalerie ennemie ; son mouvement fut si rapide, que l'artillerie française de la réserve tira sur la position après que cette division y eut remplacé l'ennemi, ne pouvant imaginer, qu'elle y fût déjà parvenue. Sa perte fut pourtant peu considérable relativement, parce qu'elle avait promptement fait tourner le dos à l'ennemi ; elle ne reçut pas un coup de sabre : la cavalerie autrichienne, effrayée par les feux et les baïonnettes de nos colonnes entre lesquelles elle s'était jetée, s'échappa en désordre sans fournir de charge à fond.

Ce fut encore dans cet ordre en colonne que cette même division, par une attaque commencée à minuit, renversa, en 1806, un corps d'armée russe retranché dans la forte position de *Czarnovo* sur la rive du Bug ; nos bataillons, formés en colonne, passèrent inaperçus, à la faveur de l'obscurité, entre les redoutes et se trouvèrent en quelques instants au centre de la ligne ennemie qui, surprise, abandonna ses canons et ses blessés pour s'enfuir en désordre dans les bois environnant sa position. Il n'y eut ni confusion, ni hésitation, ni méprise dans le combat où la fusillade des fausses attaques fut seule entendue ; chaque chef de bataillon, sans inquiétude ni pour ses flancs ni pour ses derrières, manœuvra avec sa colonne comme si elle eût été la seule en mouvement.

Une manœuvre de ce genre fut accueillie sous les murs de Smolensk par les applaudissements de la garde et du quartier impérial.

On a vu sur le plateau d'Auerstædt, le 14 octobre 1806, cent vingt escadrons prussiens renouveler pendant cinq heures leurs charges contre huit bataillons attaqués en débouchant sur le plateau, mais disposés dans cet ordre de colonne par bataillons à distance de peloton et qui, à la vue de la cavalerie, formèrent chacun un carré, dont le centre fut occupé par les grenadiers ; ils ne commençaient leurs feux qu'à bonne distance, ne s'étonnèrent point et recueillirent avec la gloire les armes et les étendards abandonnés sous leurs baïonnettes.

L'organisation du bataillon que je propose est peut-être nouvelle, mais la méthode d'exécuter toutes les manœuvres avec des colonnes de bataillons est, je crois, dans l'opinion de tous les officiers qui ont fait la guerre et qui ont étudié un peu plus que l'ordonnance; l'essai en a été fait au camp de Boulogne, il a été peu suivi. Cependant si cette méthode de manœuvres a donné à un ou à plusieurs généraux des succès constants à la guerre; si au moins elle leur a épargné des revers, on peut croire que ses avantages seraient certains et très grands, si elle était adoptée, rédigée et prescrite, si l'armée était organisée et exercée d'après ce principe. D'ailleurs, je le répète, ce n'est point une instruction nouvelle; il ne s'agit que de choisir dans l'ordonnance actuelle quelques règles et d'en rejeter tout ce qui est inutile, diffus et dangereux. Toute mon opinion se réduit à organiser un bataillon comme une armée doit l'être, à ne considérer plusieurs bataillons réunis que comme des individus qui agissent tous de la même manière en se conservant dans tous les instants dans l'état de consistance et d'individualité qui fait leur force.

A appliquer toutes les manœuvres au terrain et aux événements de la guerre, de sorte que dans tous ses mouvements, par tous les ordres qu'elle reçoit, une troupe voie l'ennemi en présence; de sorte qu'après une longue paix, les officiers et les soldats aient l'expérience et l'habitude de la guerre; de sorte que l'instruction d'un chef de bataillon suffise à un général et qu'un chef de bataillon sache et ne puisse agir que comme doit le faire un bon général.

J'ai montré les éclaireurs et les grenadiers

manœuvrant avec le bataillon dont ils font partie, mais on peut former des corps d'éclaireurs ou de grenadiers pour une circonstance particulière. Les guides à cheval de douze bataillons, après avoir fourni des ordonnances aux généraux et à l'état-major de la division, peuvent former encore un escadron de 80 chevaux au moins qui, avec des éclaireurs en croupe ou le suivant à pied, pourrait être détaché sur les flancs et les derrières de l'ennemi, pourrait escorter des convois, protéger un fourrage, poursuivre des fuyards, etc. Enfin, l'organisation et la méthode d'instruction et de manœuvre que je propose s'accommode de toutes les combinaisons que la guerre peut demander; elles conviennent surtout aux Français, dont l'intelligence est grande et la valeur impétueuse; les peuples du Nord sont plus capables que nous, peut-être, d'une résistance passive; on a dit des Russes, avec beaucoup d'exagération il est vrai, qu'il était plus facile de les tuer que de les mettre en fuite. Quoi qu'il en soit d'eux et des autres peuples, il est certain que les Français ont les sensations vives, l'esprit ardent, et que, comme leurs ancêtres, ils dédaignent la vie et se jettent dans les dangers; qu'ils feront des choses incroyables s'ils attaquent, tandis qu'ils peuvent être ébranlés s'ils reçoivent passivement la charge.

De l'Éducation militaire.

L'éducation, surtout celle des militaires, a un double but : elle doit développer l'intelligence, l'accroître et donner au corps plus de force, d'agilité et de souplesse ; à l'une, on apprend les résultats de l'expérience et des découvertes, on indique les routes que doivent suivre la pensée, les affections et les sentiments ; à l'autre, on donne l'habitude des fatigues, on l'exerce à tous les mouvements qui peuvent l'aider à surmonter les dangers et les difficultés, à se servir des armes et de tous les moyens utiles à l'attaque et à la défense. C'est donc sous ces deux rapports que la question doit être envisagée et examinée.

La science est un grand moyen, l'homme de génie l'invente ; mais en l'initiant dès l'enfance à ses mystères, on lui épargne cette peine et on accroît infiniment les ressources de son intelligence, qu'il peut dès lors diriger sans distraction vers le but ; il peut employer à agir le temps qu'il mettrait à chercher et à découvrir les moyens de réussir. Celui qui connaîtra les causes des succès et des revers de ses prédécesseurs portera toute son attention sur les circonstances dans lesquelles il se trouve, il en scrutera les analogies ; et, sans hésitation, saisira et retiendra la fortune : la fortune est une coquette qui se joue de la faiblesse, mais qui s'abandonne à l'ardeur de la passion ; elle fuit, si un bras de fer ne la retient ; elle fuit même le génie, s'il sommeille un instant.

Le militaire, le médecin, l'orateur ne peuvent espérer de succès que d'une inspiration soudaine, à laquelle la science doit être soumise en esclave ; il faut qu'ils sachent tout ce qu'on peut savoir, mais la victoire est dans la rapidité et la sagacité de leur génie. C'est sous une voûte de fer et de feu, parmi tous les périls qui peuvent se réunir autour d'un homme ; c'est au chevet d'un mourant, dont le dernier souffle est prêt à s'exhaler ; c'est dans un foyer embrasé de toutes les passions, de tous les intérêts, que le militaire, le médecin et l'orateur impassibles, doivent d'un seul mot arrêter la victoire dans son vol, mettre la mort en fuite et commander à la tempête ; l'homme faible et ignorant, misérable jouet de ses sensations et de conseils intéressés, cède comme un roseau, ou se raidit inconsidérément ; la science sans le génie n'est qu'une arme dangereuse entre les mains d'un enfant, et l'intelligence sans la science, n'a qu'une portée médiocre : elle s'épuise en recherches vaines, se fatigue en essais repoussés par l'expérience qui lui est inconnue ; elle renouvelle, sans le savoir, des conceptions cent fois abandonnées ; elle prend pour une découverte l'idée qui en a produit mille ; elle admire un instant ce qu'ensuite elle dédaignera.

Le plus grand des généraux joignit à une vaste science, la plus haute intelligence et une force d'esprit et de corps étonnante et admirable. Ces facultés réunies, et au même degré, n'appartinrent à aucun autre. Les uns n'eurent que du génie, d'autres n'eurent que de la science, d'autres ne surent que le métier ; les pas de chacun sont empreints dans la carrière, on y reconnaît le terme qu'ils n'ont pu dépasser ; le premier seul l'a parcourue dix fois, quoiqu'il n'y fût entré que l'un des derniers, mais ses pas furent des pas de géant.

L'éducation est améliorée en France, mais elle est loin d'être dégagée de l'ornière des âges précédents ; elle se traîne encore dans leurs traditions. Dans ces temps où la puissance était dans la force et l'adresse, les guerriers méprisaient les exercices de l'esprit, les prêtres s'appliquaient à conserver la langue de leur rit qui était aussi la langue des lois et des légistes ; la science ne consistait qu'en jeux de mots, en discussions frivoles et analogues à un état social qui me paraît inférieur à celui des peuples nomades, ignorants, mais conservant un jugement sain et un esprit droit. Aujourd'hui la puissance est dans l'intelligence, et on néglige les exercices du corps ; aujourd'hui la langue romaine n'est plus nécessaire qu'aux prêtres, et on en tourmente encore les joyeuses années de l'enfance ; on dit que le but de cette étude est moins d'enseigner à la parler que de la faire servir de texte aux leçons de grammaire ; mais si c'est réellement le but, est-il bien vrai qu'il soit atteint, est-il bien vrai qu'aucune arrière-pensée n'influe sur la conservation d'un mode d'enseignement particulièrement convenable

aux enfants qui se destineraient au service des autels. Quoi qu'il en soit, je laisse cet examen, que
ma qualité de père de neuf enfants me donne le
droit de faire et je reviens à l'éducation militaire,
qui, dès le jeune âge, doit être conduite vers les
occupations, les devoirs et les destinées de la profession des armes.

L'architecte chargé de la construction d'un édifice, avant que de mettre les ouvriers à l'œuvre,
examine avec soin la nature du terrain dans lequel
il doit jeter les fondements, les matériaux qu'il doit
employer et la destination de l'édifice à laquelle il
conformera son plan ; s'il est habile, il se gardera
bien de laisser rien d'équivoque, chaque pièce sera
construite pour l'usage auquel elle est destinée.
C'est ainsi que, dans la recherche des moyens d'é-
lever les enfants que leurs parents destinent à
suivre la carrière militaire, il faut avant tout reconnaître le degré des forces et de l'intelligence qui se
développent d'année en année, et y conformer l'instruction ; il faut voir dans leur avenir les fatigues
et les dangers auxquels ils seront exposés, et préparer leurs corps à les supporter et à s'en tirer avec
adresse : il faut élever leurs âmes par les récits de
ce qu'ont fait les hommes de courage du pays et de
toutes les nations, de tous les temps, afin qu'ils ne
considèrent les fatigues et les dangers que comme
les jeux de la valeur et les chemins de la gloire. Il
faut enfin bien déterminer l'étendue et le genre de
l'instruction, qui, développée par le travail et l'ex-

périence, rendra un officier capable de remplir tous
ses devoirs ; et, quelle que soit son élévation, placera l'homme au-dessus de son grade, et surtout il
faut moins chercher à faire un bon officier qu'un
bon citoyen, un homme d'honneur et de probité. La
religion est d'un grand secours pour l'affermissement de la moralité, base de toute éducation. L'instruction, l'agilité, l'adresse sont des instruments
utiles, nécessaires même ; mais la bonne conduite,
la prudence, la modération, la foi des serments, l'a-
mour de la patrie constituent la valeur de l'homme
et l'élèvent vers la divinité ; c'est par la vertu qu'il
peut en être l'image.

Je ne m'occupe, dans ce moment, que de l'enfant
voué, par sa famille, à la profession des armes, et
que l'on prépare, par une éducation commencée dès
l'âge le plus tendre, à parcourir la carrière dans
toute son étendue. Je dirai ma pensée sur l'éducation
du soldat, qui, à vingt ans, a quitté ses travaux
pour payer son tribut.

Si on considère l'état physique d'un enfant, la faiblesse de ses organes, on voit qu'il ne jouit que de
deux facultés : de la vue et de la mémoire ; encore
cette dernière est-elle fugitive comme son attention ;
je pense donc que seules elles devraient être exer-
cées jusqu'au commencement de la treizième année.
Jusqu'alors il ne faudrait enseigner à l'enfant qu'à
lire, à écrire, le dessin linéaire, l'histoire générale
sur des tableaux, et la géographie sur des cartes,
sans trop fatiguer sa mémoire, qui devrait être seu-

lement égayée par des ballades faites sur les plus
beaux faits d'armes, les plus belles actions, sur les
hommes dont le souvenir est cher à la postérité ; les
enfants n'auraient à répondre qu'avec le doigt aux
questions qui leur seraient faites sur l'histoire générale et la géographie, devant le tableau et la carte ;
et, pour augmenter le plaisir d'apprendre de belles
choses en beaux vers, je crois qu'il serait bien de
faire chanter ces ballades, et de faire concourir ainsi
le chant et l'enseignement de la musique vocale dès
le commencement de l'éducation. Un enfant devrait
apprendre à écrire, non seulement l'alphabet latin,
mais encore les alphabets des langues allemande,
anglaise, grecque et arabe ; sa science ne consiste-
rait qu'à en tracer les caractères, à en connaître les
lettres et les sons qu'elles représentent. On voit que
cet enseignement n'exigerait que des mouvements
mécaniques de la main, de l'œil, de l'organe de la
voix ; que le chant viendrait au secours de la mémoire ; que l'on n'emploie que les sensations pour
exciter sans effort l'intelligence.

La seconde période de l'éducation s'étendrait du
commencement de la treizième année à la fin de la
quinzième. C'est dans ces trois ans que se ferait
l'étude de la grammaire générale et comparée, qui,
bien dirigée, procurera à l'enfant non seulement la
connaissance de sa langue, mais encore celle des
principes des autres langues ; il ne saura pas faire
une phrase latine à l'imitation de Cicéron, ni un vers
grec comme Homère, mais il connaîtra les analogies

que les langues anciennes et modernes ont entre elles, leurs rapports qui se rattachent à des événements historiques, les règles de l'arrangement des mots, l'influence du climat sur les prononciations ; il ne saura pas les parler, mais il saura les apprendre avec une grande facilité, s'il arrive qu'il en ait besoin un jour. Ce qu'il importe aussi de lui enseigner, c'est la valeur et la synonymie des mots de sa langue, et d'où vient la différence de notre orthographe avec notre prononciation. L'enseignement de la musique sera continué, et la mémoire sera exercée à retenir les plus beaux morceaux des poètes et des orateurs français et étrangers, anciens et modernes ; l'enfant devra faire de vive voix des récits avec clarté, et sans surcharge d'ornements qui ne leur conviendraient pas. Chaque course dans la campagne serait l'occasion d'observations sur la géodésie, la botanique, la zoologie, l'agriculture, et surtout sur l'ordre établi dans la société, par lequel chaque homme tient son bien-être et concourt à celui de tous. C'est dans cette période que commencerait l'étude des mathématiques, qui doit marcher avec celle de l'analyse grammaticale ; on copierait des cartes, des tableaux de l'histoire générale ; on appliquerait l'histoire et les campagnes de guerre au terrain ; enfin, on ferait des lectures de la vie des grands hommes.

La troisième période, de seize à vingt ans, embrasserait les études approfondies de la grammaire et des langues, des mathématiques, des sciences physiques, naturelles et économiques ; des arts du dessin et de la musique. On voit qu'à l'imitation de Pythagore, je fais entrer la musique dans l'éducation, comme un de ses principaux éléments. En effet, cet art divin contribue plus que tout autre à adoucir les mœurs, à bannir l'oisiveté, à fortifier l'âme dans les combats qu'elle a à soutenir ; mais ne ferait-il que d'arracher un jeune homme au jeu, à la débauche et à l'ennui, que de lui faire aimer la bonne compagnie où il portera son tribut, que cet art devrait être considéré comme l'auxiliaire de la morale et l'un des principaux avantages de l'éducation.

J'ai indiqué la langue arabe parmi celles dont on devrait enseigner l'alphabet et les éléments ; cette langue est celle de l'Asie et de l'Afrique : on doit la connaître, puisque nos relations s'étendent sur ces contrées ; on doit l'étudier, parce que son caractère et son génie, différant de celui de toutes les langues européennes, servira le mieux aux comparaisons grammaticales ; et parce que la plupart des noms en géographie, comme dans la langue moderne de la chimie, exprimant la nature des localités et des choses, il est utile d'en connaître les étymologies.

Mais ces exercices de l'esprit manqueraient le but, et ne feraient peut-être qu'accélérer la dégénération, si on ne leur adjoignait les exercices du corps : un mauvais instrument ne peut rendre que des sons faibles et discords ; il faut un corps sain pour contenir une âme forte et active ; on ne brave le danger que quand on sait pouvoir s'en tirer ; on ne craint plus des privations et des fatigues dont on s'est fait

un jeu ; l'adresse du corps ajoute à l'élévation de
l'âme, que toute supériorité grandit. Il faut donc
que l'escrime et la gymnastique procurent des délas-
sements fréquents aux exercices de l'esprit ; il faut
qu'un jeune homme, en arrivant dans un régiment,
sache se servir avec adresse et avec grâce de toutes
les armes ; que non seulement il sache bien monter
à cheval, mais qu'il soit habile dans l'art des *Fran-
coni ;* qu'il puisse comme un daim gravir une montagne, traverser une plaine ou une forêt ; que des
palissades, des haies, une rivière ne soient point des
obstacles à sa course ; qu'au besoin il ait l'adresse
de l'écureuil, et que dans un salon les dames admirent sa contenance fière et modeste, la décence
de ses manières et de sa danse, tout autant que la
politesse de son langage.

Surtout il faut habituer les jeunes gens dès l'enfance à bien faire tout ce qu'ils ont à faire ; à concentrer toute leur attention, toutes leurs facultés
dans l'occupation qu'ils ont dans le moment, à ne
point s'en distraire, à ne jamais permettre de vaga-
bondage à leurs pensées. On conçoit que cette habitude peut donner à un homme d'une intelligence
médiocre une haute capacité pour un objet spécial
de son attention, et que l'on peut, par cette habitude, expliquer les causes de succès étonnants
obtenus dans le commerce, l'industrie, et même au
service militaire, par des hommes qui paraissaient
dénués, d'ailleurs, de toutes les connaissances que
procure l'éducation ; ils avaient peu de moyens,

mais tous étaient dirigés vers le même but, et ils en acquéraient la consistance d'un faisceau. C'est ainsi que la chaleur presque insensible des rayons solaires acquiert au foyer d'une lentille une intensité capable de fondre le métal et de brûler le corps le plus dur.

Celui qui pourra concentrer toutes les ressources que la nature et l'éducation lui ont données successivement sur un objet aura la puissance intellectuelle et fera le travail d'un grand nombre; le dissipateur seul est impuissant et toujours indigent.

La France possède plusieurs beaux établissements d'éducation militaire. Je ne connais que celui de La Flèche; il est admirable, tout y est parfait, hommes et choses; mais l'instruction n'y est point appropriée à sa destination; en finissant ses études, l'élève est plutôt préparé pour entrer au séminaire que dans une école militaire; il traduit Quinte-Curce, mais il ne connaît pas la nature des difficultés qu'Alexandre a vaincues; il connaît Carthage, mais il n'en sait que la fable; il n'a point suivi de l'œil Annibal à travers les Pyrénées et les Alpes; il ne sait point pourquoi les Romains ont été massacrés à Cannes et vainqueurs à Zama. Il connaît les éléments des langues latine et française, mais il n'a point appris à étudier toutes les langues et la route qui conduit au sanctuaire de l'initiation dans les sciences. Il s'est fait une habitude de l'ordre et du devoir dans un établissement où l'un est parfait, et l'autre exactement rempli par tous, maîtres et élèves; mais son instruction n'est que celle qui est donnée dans tous les collèges de France, dont l'étude spéciale de la langue latine est la base, tandis que cette étude ne devrait que concourir avec celle des autres langues aux comparaisons grammaticales, puisque la langue romaine est inutile à toutes les professions, excepté à une seule ; tandis que dans toutes il faut raisonner juste, et, pour y parvenir, connaître bien la valeur des mots ; car l'équivoque est la source des erreurs de l'esprit, de l'inconduite et des malheurs des hommes.

De l'Éducation du soldat.

L'homme que le sort envoie dans un régiment pour y être soldat y arrive le corps ployé et façonné par les divers travaux auxquels il a été appliqué jusqu'alors, l'esprit lourd, grossier et sans culture ; il est étonné de sa nouvelle position, et son âme est navrée par les souvenirs de celle qu'il quitte et les affections auxquelles il est arraché. Il faut en faire un nouvel homme, rétablir l'harmonie de ses forces que son métier avait dérangées, redresser son corps, lui donner de l'aplomb et de la légèreté, l'habituer à en porter tout le poids successivement sur l'une ou l'autre de ses jambes, lors même qu'il est surchargé par ses armes et son bagage ; il faut qu'il puisse se maintenir en équilibre, non seulement sur l'une de ses jambes, mais encore sur la pointe d'un pied ; et sans le perdre, se servir de ses bras et manier ses armes; il faut qu'il sache marcher d'un pas régulier, plus long ou plus court; qu'il fasse ce pas en cadence, les pointes des pieds basses, la tête droite et la poitrine saillante.

Les exercices par lesquels on obtient ces résultats sont un tourment pour le nouveau soldat livré à la rudesse d'un autre soldat sorti de cette épreuve, et qui ne soupçonne pas que les maux qu'il a soufferts puissent être allégés pour un autre. Aucun plaisir, aucune distraction n'interrompent ces rigueurs auxquelles il est dévoué sans relâche pendant les premiers mois de son entrée au service; cependant rien ne serait plus facile que de les adoucir, que de rompre la monotonie de ce tourment continuel par d'autres instructions qui ne lui sont pas moins nécessaires.

A peine un dixième des nouveaux soldats sait-il lire et écrire, et si leurs corps doivent être dressés, s'ils doivent apprendre à charger leurs fusils et à se servir de leurs armes, ils doivent aussi être habiles à la course, à nager, à sauter, à franchir des obstacles, à se défendre étant à pied contre un cavalier. Ainsi on peut entremêler les divers exercices et faire en sorte que l'un serve de délassement à l'autre. Les officiers qui n'ont que la routine ou qui considèrent le repos comme un très grand bien se récrieront; mais leurs clameurs s'apaiseraient si le principe était reconnu *que l'avancement au choix et la préférence ne doivent être accordés qu'au travail et au dévouement;* si ce principe était consacré, si les mœurs militaires étaient telles qu'on ne puisse s'en écarter sans les blesser, s'il devenait honteux de devoir son avancement à la faveur, le gouvernement devrait augmenter la part du choix aux dépens de celle de l'ancienneté. L'avancement à l'ancienneté n'est qu'un remède contre la faveur et la corruption, remède qui serait inutile et funeste si ces fléaux n'étaient plus redoutables et si les droits du travail et du mérite étaient seuls admis après avoir été constatés d'après des règles invariables et sûres.

Il faudrait donc que les exercices de l'esprit succédassent à ceux du corps et se mêlassent parmi tous les genres d'adresse ; qu'à un coup de baguette, le nouveau soldat suspendît le pas cadencé pour se placer devant le tableau d'une école où la méthode de l'enseignement mutuel serait suivie, ou pour se livrer à la gaieté des jeux du gymnase ; que l'étude et les jeux soient abandonnés à leur tour pour reprendre les attitudes et les mouvements qui préparent à la marche militaire et au maniement des armes. Il faudrait qu'à la vue et à la menace de quelques cavaliers survenant tout à coup, les soldats, dispersés sur l'esplanade, se groupassent avec célérité ou s'échappassent au danger par la vitesse de leur course ou par leur adresse à éviter le choc du cheval et à parer les coups du cavalier.

Il faut beaucoup instruire les hommes, leur bien enseigner l'avantage de l'ordre et de la subordination, de l'obéissance aux lois, afin qu'ils parviennent à comprendre qu'il n'y a de bonheur que dans l'accomplissement de tous les devoirs ; puisque l'intelligence des Français est parvenue au point qu'ils ne veulent plus être dupes de l'astuce, ni servir d'instrument à la violence, qu'elle peut les guider plus sûrement que la crainte et la menace, il faut donc la développer au lieu de l'opprimer ; les partisans de l'ignorance et de la stupidité ne sont point gens de notre âge. Leur opinion, qu'elle soit sincère ou hypocrite, ne pouve que le sentiment d'impuissance et du manque d'habileté qui la dicte ; ce sont des cavaliers maladroits, qui ne trouvent de moyens de se rassurer qu'en privant leur coursier des sources de sa vigueur. L'instruction et le développement de l'intelligence influent bien différemment sur le maintien de la discipline que les châtiments, parce que la passion peut plus difficilement étouffer la conscience et détruire l'opinion, qu'étourdir sur les dangers et les peines ; c'est ainsi que, chez les Romains, le serment prêté au Champ de Mars transformait un citoyen séditieux en un soldat soumis ; tandis que le glaive suspendu sur les têtes ne fait qu'unir l'astuce et la perfidie à la férocité. L'officier, le soldat qui obéissent par la force de la raison et des devoirs ne perdent rien ni de leur dignité d'homme, ni de cette inspiration que l'occasion provoque et qui gagne les batailles ; combien dans nos armées de succès brillants, dont des chefs quelquefois inhabiles et qui leur étaient étrangers ont obtenu seuls la gloire et toutes les récompenses, ne sont dus pourtant qu'à de simples officiers, à des soldats qui, connaissant bien les limites de la subordination, n'attendirent pas d'ordre pour agir et s'abandonnèrent à leur génie ; la révélation du secret des batailles consolerait les mânes de bien des braves dont la gloire a été ravie et dont le nom a péri comme eux.

Lorsque le nouveau soldat a le corps redressé, lorsque la force et la mobilité sont revenues dans les membres dont son métier avait restreint l'usage, qu'il sait se tenir d'aplomb et en équilibre et qu'il est maître de ses jambes et de ses bras, on lui remet un fusil et on lui enseigne à le charger et à faire les feux. La méthode que prescrit l'ordonnance pour la charge, le maniement du fusil et les feux me paraît bonne ; et jusqu'à ce que la forme de cette arme puisse être améliorée, je crois qu'il est inutile d'en chercher une meilleure ; mais cette ordonnance n'enseigne pas à s'escrimer avec le fusil armé de la baïonnette, à s'en servir comme arme de main ; pourtant il n'en est pas de meilleure pour l'attaque et pour la défense ; le seul précepte qu'elle donne sur ce sujet est erroné, la manière qu'elle prescrit pour croiser la baïonnette ne convient qu'à la lance qui avait une longueur au moins double de celle du fusil ; au lieu de l'attitude défensive du soldat qui ne laisse au fusil que trois pieds de saillie sur le rang, il faudrait au contraire que le soldat, après avoir agrandi sa base en portant un pied en avant de lui, élevât son fusil à hauteur de sa poitrine, qu'il s'en couvrît le visage et le corps, et, qu'ainsi préparé à parer ou à porter des coups, il suivît de l'œil le geste de son adversaire et le museau de son cheval. Ce n'est point au poitrail du cheval qu'il faut pousser la baïonnette, mais au museau, afin que se cabrant il renversât son cavalier ou au moins qu'il se détournât; le fer, poussé dans le poitrail, n'atteint point le cœur de l'animal, son ardeur n'est point ralentie par cette blessure; elle ne peut l'être que lorsque son sang est épuisé, et il ne tombera qu'autant que le cœur sera percé ou le cerveau comprimé par un choc; et lors même qu'il tomberait sur le soldat qui le frappe, le rang serait ouvert par sa chute, et le désordre aurait commencé. A la bataille de Sediman, en Égypte, des mamelucks intrépides, après une charge d'essai qui leur fit reconnaître que la baïonnette était impuissante contre leur choc, attaquèrent de nouveau et parvinrent à dissoudre un petit carré de deux cents hommes, dont ils avaient épuisé le feu.

Une attitude stupide ne convient point au Français, qui veut dans tous les instants faire agir sa valeur, son intelligence et son adresse. Ce sont ces qualités, c'est cet instinct qui rendent nos soldats supérieurs à ceux des autres nations: elles sont dans leur caractère, dans leur nature; pourquoi les comprimer? Le général qui saura diriger leur essor sera toujours heureux et victorieux.

Un fantassin brave, leste et dispos peut toujours, qu'il soit isolé ou réuni à d'autres, résister à un ou plusieurs cavaliers avec le fusil armé de la baïonnette. J'ai vu les soldats fanatiques de La Mecque attendre avec un long sabre, sans s'émouvoir, la charge de notre cavalerie en pleine campagne, se ployer pour éviter le coup et éventrer le cheval ou désarçonner le cavalier en l'entraînant par une jambe; j'ai vu l'un d'entre eux, ayant saisi la queue du cheval et se tenant à sa croupe malgré les ruades, sabrer de l'autre bras un brave cavalier. Souvent, en Égypte, nous nous divertissions de l'adresse avec laquelle les Arabes, que l'on a dans ce pays l'usage de faire marcher devant soi, esquivaient les coups de cravache et même le djerid, bâton de dattier de six à huit pieds de longueur; ils tournaient avec le cheval et se baissaient si à propos qu'il était impossible de les atteindre; d'ailleurs, ils couraient avec une telle vitesse, ne se trompant jamais sur le chemin le plus court, qu'ils nous suivaient au galop et se trouvaient toujours à la tête du cheval.

On peut donc, par les exercices du gymnase et en suppléant à l'ordonnance, faire acquérir au soldat l'adresse et l'agilité suffisantes pour résister au cavalier, lors même que celui-ci serait armé d'une lance; et, pour se servir du fusil armé de la baïonnette comme arme de main, il en serait la meilleure comme il l'est parmi les armes de jet; d'ailleurs, je crois que la nécessité de ces exercices est déjà tellement reconnue qu'il est inutile d'insister sur sa démonstration.

Il ne suffit pas qu'un soldat sache charger son fusil et tirer six fois par minute, il faut qu'il porte des coups sûrs et que ses balles arrêtent l'ennemi et le mettent en désordre. Le but de toute l'instruction est de résister et de vaincre, d'échapper au danger et de le surmonter. Le plus sûr moyen est de tirer juste : que servirait le feu le plus vif si les balles n'arrivent pas à l'ennemi, si elles se perdent derrière lui ou ne font que sillonner la terre? C'est épuiser vainement les munitions, s'exposer à en manquer au moment du plus grand danger et à faire des mouvements rétrogrades et inopportuns qui retarderont la victoire ou feront perdre la bataille. Il faut donc exercer beaucoup le soldat à tirer sur des cibles. Quand il s'agit de lui enseigner à tirer juste, on peut dire : qu'importe la dépense ? En effet, il faut ou n'avoir point d'armée ou n'en avoir qu'une bonne, capable de défendre le pays et d'intimider ses ennemis; il vaut mieux pour la France n'avoir que peu de soldats, mais excellents, agiles, actifs, infatigables, disciplinés par le sentiment du devoir et bons tireurs; que d'avoir une armée immense, mal instruite, mal disciplinée, qui consomme sans pouvoir obtenir le résultat pour lequel une nation s'épuise à entretenir une armée. D'ailleurs, on peut disposer les cibles de manière que le plomb soit retrouvé, que le même métal serve pour tous les exercices, qu'il n'en coûte que la façon de le fondre en balles de fusil. On doit ne faire d'exercices à feu que dans l'intention d'enseigner et d'habituer le soldat à tirer juste. On brûle tant de poudre inutilement en feux d'artifice et en autres vains amusements et on regretterait celle dont la consommation aurait pour but le salut et la gloire de l'État !

Le soldat doit être instruit à tirer juste, non seu-lement isolément, mais dans un peloton, dans un bataillon ; il faut intéresser l'amour-propre au suc-cès de son instruction, tenir des notes des plus beaux coups, distinguer le bon tireur et lui accorder un prix. Il faut exercer les soldats à tirer sur des cibles dans les divers instants de la journée, et sur des terrains dont la conformation est différente, pour leur faire bien reconnaître les distances et juger les effets de la lumière et des ombres ; les exercices précédents ne sont que préparatoires à celui du tir à la cible.

L'éducation du soldat doit ainsi atteindre un double but : elle doit améliorer son cœur et son âme, agrandir son intelligence, de sorte qu'il con-naisse et comprenne bien tous ses devoirs, qu'il s'y attache et les remplisse ; elle doit développer ses forces physiques, afin qu'il puisse se servir de ses armes de main et de jet avec habileté et succès ; qu'il puisse faire une marche dans un temps déter-miné, seul ou réuni à d'autres soldats, de sorte qu'il y ait certitude qu'il arrivera, à une minute précise, sur le point qui lui a été désigné, et qu'il y fera son devoir.

Plusieurs soldats, sachant marcher et se servir de

leurs armes, sont réunis en un peloton ; dès lors ils perdent leur individualité, c'est le peloton qui est un individu, qui doit se mouvoir comme le ferait un homme isolé ; et l'instruction à donner aux soldats qui en font partie a pour but de leur procurer les moyens de se . . r unis les uns aux autres, comme le sont les membres d'un même corps : on leur enseigne à emboîter le pas qu'ils ont déjà appris à faire sur une mesure égale, à porter le pied du même côté, en avant ou en arrière et dans l'instant précis, soit qu'il soit réglé ou non par un instrument sonore ; on leur enseigne à presser légèrement le coude de leur voisin dans le sens de la direction du mouvement, à faire avec ensemble et dans le même instant la charge et le maniement des armes, à se tourner en arrière ou vers l'un des flancs avec la même vitesse et la même précision que si l'ordre n'était exécuté que par un seul homme ; enfin, on les instruit à tirer ensemble sur le même but, à tourner par peloton sur un pivot indiqué sur l'une des extrémités ou au centre, à marcher obliquement et en arrière.

Lorsque le peloton est instruit, l'éducation est faite ; on réunit deux pelotons pour former l'une des divisions dont un bataillon se compose ; ces divisions sont étendues sur le même front en bandeau, ou sont ployées en colonne à distance de peloton, entre elles ; cette colonne, qui peut se transformer en carré à la volonté de son chef, ne doit être encore qu'un individu, qui marche, se meut et agit sans se déformer jamais, à la voix de celui qui en est l'âme et la volonté ; de sorte que dix, vingt, trente bataillons ne représentent que le même nombre d'individus, constamment en état d'attaquer et de se défendre, jouissant des moyens d'éclairer leur route, de vaincre les obstacles qui s'opposeraient à leurs mouvements, de se porter secours au besoin. Ces moyens, ce sont les éclaireurs et les grenadiers qui les leur procurent, car ces troupes d'élite sont pour le bataillon ce que les sens sont pour l'homme : elles explorent autour de lui, l'aident, le secourent, le protègent dans tous les instants ; toujours soumis, les grenadiers, les éclaireurs ne font que ce qui peut être utile au salut du bataillon, et s'y dévouent.

Je terminerai cette notice sur l'éducation militaire, par quelques remarques sur les feux ; les seuls à faire, les seuls que l'on fasse à la guerre, sont ceux que l'ordonnance désigne sous la dénomination de feux de deux rangs, commençant par les files de droite et de gauche du peloton. Ce sont les seuls qui joignent, à une grande vivacité, l'avantage de conserver un certain nombre de fusils toujours chargés, et de laisser au soldat l'usage de sa volonté et de son adresse ; de sorte que, maître de lui, il puisse profiter de ses exercices précédents pour tirer aussi juste que sur une cible. Les feux de peloton et de bataillon, dans lesquels le premier rang met le genou en terre, sont funestes : d'abord, parce que dans les feux de bataillon tous les fusils sont épuisés, et que, dans les feux de peloton, la moitié de la ligne est désarmée pendant le temps que les soldats qui ont fait feu rechargent leurs fusils ; ils le sont encore par l'attitude passive et incommode dans laquelle le premier rang est placé, attitude tout à fait contraire au caractère français, qui ne supporte pas un rôle de machine, et qui, impétueux, repousse tout ce qui comprime son intelligence et son ardeur (1). Il me semble donc que l'on devrait encore arracher de l'ordonnance la page qui renferme l'enseignement de ces feux de peloton et de bataillon, aussi dangereux que les déploiements, les marches en lignes flottantes, et toutes les autres manœuvres des écoles de bataillon et de ligne, parmi lesquelles la colonne d'attaque est la seule à conserver.

Lorsque le soldat est instruit à tirer juste, on ne peut commencer trop tôt les feux contre la cavalerie, qui parcourt en quelques minutes un espace de trois cents pas ; les balles rompent les rangs et portent

---

(1) A la bataille d'Hondschoote, un jeune chef de bataillon qui, en abordant l'ennemi, avait commandé l'un de ces feux qui exigent que le premier rang ait le genou à terre, ne put faire relever ce rang et mettre son bataillon à la poursuite de l'ennemi qu'en se précipitant en avant avec son drapeau. Les plus braves le suivirent et entraînèrent les autres : les soldats, comme leur chef, se trouvaient au feu pour la première fois. Cette circonstance se renouvelle après une longue paix, et un danger nouveau et inconnu causera toujours de la stupéfaction à des hommes placés dans une situation passive.

la terreur parmi les hommes et les chevaux ; la chute de quelques-uns occasionne un désordre qui, donnant aux moins vaillants l'occasion de s'échapper au danger, laisse les braves dans l'isolement et l'abandon. D'ailleurs, le feu de deux rangs n'est nourri qu'après quelques secondes, et c'est dans ce moment que la cavalerie s'approche des baïonnettes. Une charge de cavalerie, pour être bien faite, doit l'être en échelons ; c'est le second échelon qui doit renverser l'infanterie, le premier est sacrifié pour épuiser ses feux et la remplir de crainte ; mais si les soldats sont bien instruits, s'ils ont commencé à tirer de bonne heure, ce second échelon sera trompé dans son espérance, il sera reçu avec la même vigueur que le premier.

L'art de la guerre ne consiste qu'à *employer une force plus grande pour vaincre une force moindre, à opposer deux hommes à un seul, trois hommes à deux*. On y parvient par divers moyens, dont la science fournit la théorie que l'art emploie, auxquels les gens de métier se conforment. La force est tout ce qui donne la victoire : nombre, valeur, audace, obstacle, feinte, stratagème, rapidité de mouvement, impétuosité, terreur, armes, ressources, adresse, inspiration, habileté. C'est ainsi que 3,000 hommes renfermés dans une place ne peuvent être contenus que par un nombre quadruple, parce que les uns se meuvent sur le rayon et que les autres doivent opposer une force au moins égale sur chaque point de la circonférence ; qu'il faut que les escortes de convois et les détachements qui ont à passer à portée de la place soient plus forts et plus nombreux que sa garnison, qui peut les assaillir. C'est ainsi que, dans une guerre défensive, les places équivalent à une armée, et que leurs garnisons donnent le temps d'en rassembler une capable de repousser l'ennemi qu'elles ont contenu, et dont elles ont rendu la marche craintive et hésitante. On y parvient par la supériorité des armes et par l'adresse à s'en servir. C'est ainsi qu'un soldat européen vaut dix, vingt Asiatiques plus braves que lui, parce qu'il pourra lancer quarante balles dans le temps que chacun d'eux ne pourra en envoyer qu'une seule. On y parvient avec un nombre de soldats inférieur à celui de l'ennemi, quand on sait occuper son attention avec une partie de ses troupes, tandis que par une manœuvre qui lui a été cachée on arrive avec une masse sur son centre ou sur l'une de ses ailes ; on y parvient par l'à-propos et l'audace d'une charge, qui ne laisse à l'ennemi ni le temps de s'y préparer, ni celui de porter une force suffisante au secours de la partie de son armée qui est menacée et attaquée, et qui, par sa destruction, rompra l'équilibre des forces et rendra l'assaillant supérieur; on y parvient en pénétrant, avec une colonne, dans une ligne étendue, de sorte que les feux de la colonne atteignent les parties de la ligne qui a été rompue, et qu'ils les empêchent de se reformer ; on y parvient en occupant un défilé que l'ennemi doit franchir, un coteau qui le dominera, en traversant une rivière, en tournant une forêt, un retranchement, un marais qui servaient d'appui à l'ennemi, et derrière lesquels il avait placé le dépôt de ses armes et de ses munitions, dont on s'emparera ; on y parvient enfin par l'emplacement des ressources, des réserves, et leur emploi ; de sorte qu'elles puissent ramener la victoire et arrêter un ennemi qui, enhardi par ses succès, les poursuivait avec audace et se livrait en désordre.

C'est de l'étude de ces choses, c'est de la reconnaissance du terrain, que l'officier s'occupera, quand on l'aura délivré de celle de manœuvres oiseuses, théâtrales, et qui ne servent qu'à le tromper, à comprimer son génie, à l'entraîner dans des fautes ; il s'occupera de bien reconnaître le terrain et les ressources qu'il peut offrir à l'ennemi ou à lui-même ; il s'interrogera sur la manière de défendre un village par un jeu de réserves et des barricades dans lesquelles il accablera l'ennemi qui s'y sera embarrassé. Surtout il ne s'imaginera pas savoir quelque chose, parce que sa mémoire sera chargée de formules de commandements, et qu'il saura reconnaître l'inexactitude d'un guide ou réprimander l'inattention d'un chef de peloton.

Les officiers, guidés par une méthode et des règles qui éveilleront leur intelligence, se persuaderont que les succès dépendent de l'adresse et de la vigueur du soldat ; que son éducation, sous les rapports du moral et du physique, mérite tous leurs soins, toutes leurs peines et toute leur attention ;

que n'ayant plus à étudier des manœuvres réduites à une seule, avec laquelle ils peuvent tout entreprendre, ce sera le terrain qu'ils devront examiner et interroger ; sûrs d'arriver en ordre sur l'ennemi, leur attention se portera sur la nature de sa position, les avantages qu'il peut en tirer, les mouvements qu'il peut faire, les obstacles dont il peut se couvrir, les routes de sa retraite. Enfin, appliquant à la circonstance ce problème dans lequel consiste tout l'art de la guerre, que, quel que soit le nombre d'hommes dont on dispose et quelle que soit la force de l'ennemi, il faut, pour vaincre, parvenir par les moyens que la science et l'inspiration fournissent, *à opposer une force, un nombre d'hommes plus considérable à une force, à un nombre moindre.* C'est lorsque l'esprit est dominé par cette pensée radicale, qu'on peut lire avec quelque avantage l'histoire et les livres militaires, dans lesquels ce problème est offert mille fois résolu.

Je le répète encore, il faut que tous les exercices aient pour but d'habituer l'officier et le soldat à ce qui se fait à la guerre, qu'ils aient lieu la nuit comme le jour, sur des terrains boisés, mamelonnés, accidentés, sur les flancs des montagnes, à travers les ravins, les marais comme dans une plaine et au Champ de Mars. Il faut que l'officier apprenne à reconnaître le pli inaperçu du terrain derrière lequel il placera sa troupe et la garantira du boulet de l'ennemi. Quelques officiers sont parvenus, en faisant la guerre, à se donner cette justesse du coup d'œil ; mais avant que d'acquérir cette expérience, combien d'hommes avaient péri par leur faute, combien de braves gens sont victimes de la légèreté et de l'inattention de ceux qui les commandent !

Pour que des exercices soient utiles, il faut les faire durer plusieurs jours et plusieurs nuits de suite ; il faut qu'après une série de marches, de manœuvres, d'évolutions, la position, pour passer la nuit, ne soit prise qu'à la fin de la journée ; que cette position, où le mouvement de l'ennemi aura conduit, soit reconnue malgré l'obscurité ; que de gardes soient placées à ses avenues ; que les commandants de ces gardes soient avertis de ce qu'ils auront à faire en cas d'attaque et des points vers lesquels ils devront se diriger en cas de retraite. Il faut que, tandis que les soldats allument des feux pour faire cuire la soupe, les officiers d'état-major jettent des ponts en arrière et sur les flancs ; qu'ils ouvrent des communications ou qu'ils en ferment par des obstacles ; qu'ils reconnaissent des positions en arrière où le corps de troupes viendrait s'établir s'il était forcé d'abandonner celle qu'il occupe.

L'habitude la plus essentielle peut-être à donner au soldat, est celle de faire sa cuisine et de manger à la hâte quand il le peut ou qu'il en reçoit l'ordre. Au commencement d'une campagne, un grand nombre de nouveaux soldats périt faute d'avoir cette bonne habitude. Ces malheureux, harassés par la fatigue de la journée, se jettent sur la terre, au lieu de chercher et de réunir les choses nécessaires pour faire la soupe, ou s'ils les ont, ils ne se hâtent pas, et l'ordre du départ est donné avant qu'ils aient pu manger; le lendemain, ils sont défaillants, se traînent, tombent malades et entrent dans les hôpitaux. Dans une marche en retraite, ce sont des hommes perdus; en 1813, époque où l'armée se composait de soldats la plupart nouveaux, il en périt un très grand nombre dans la retraite qui se faisait pourtant dans un pays qui n'était pas entièrement dénué de ressources. Les soldats de l'armée de Moscou résistèrent mieux, parce qu'ils étaient plus habitués à se nourrir et qu'ils savaient mieux profiter du peu de ressources qu'ils trouvaient. Le mal ne cessa pas avec la retraite de Leipsick; d'horribles maladies dévorèrent le corps d'armée renfermé à Mayence et se répandirent partout où nos malheureux soldats exténués portèrent la contagion. J'insiste sur ces choses qui tiennent au salut et à la conservation des armées. Il ne suffit pas d'habituer le soldat à faire sa soupe et à la manger à la hâte, il faut encore qu'il se persuade qu'à la guerre il doit se nourrir indifféremment de tous les aliments qui peuvent rétablir ses forces; que le pain n'est point une nourriture indispensable; que les Français ne la préfèrent que parce qu'elle est la plus commune dans leur pays; que des nations entières, civilisées, ne mangent presque pas de pain ; qu'il faut s'attendre à en manquer dans les mouvements rapides d'une campagne active, parce qu'il est difficile à confectionner et surtout à transporter; que la chair

des animaux est une nourriture plus substantielle
que le pain et dont on manque rarement, parce que
les animaux peuvent suivre les hommes partout et
dans toutes les circonstances, et qu'il est rare de ne
pouvoir s'en procurer dans le pays même où l'on
marche et combat. Il faut redire aux soldats que les
Romains portaient non du pain, mais du blé qu'ils
broyaient eux-mêmes et dont ils accommodaient la
farine de différentes manières; que, faute d'avoir cet
usage, notre armée en Égypte mourait de faim près
d'énormes tas du plus beau blé; que la destruction
des moulins en Russie nous mit dans le même
embarras. Que puisque les mêmes circonstances se
représentent, il faut se le rappeler et ne pas oublier
les moyens qu'on a employés pour en surmonter les
difficultés. Pour que les soldats puissent conserver
ces souvenirs pendant la paix et pour qu'en campagne ils n'éprouvent aucun étonnement de manquer de pain, il faut ajouter aux pièces de l'équipement un petit sac en coutil ou en cuir, de la
longueur du sac de peau, mais étroit, qui puisse
contenir plusieurs livres de farine ou de fécule de
pommes de terre ou de riz ou de biscuit pulvérisé.
Il faut que, lors des rassemblements pour les
manœuvres, les soldats aient à se contenter pendant
quelques jours de cette nourriture mêlée avec la
chair d'un bœuf ou d'une vache tuée et dépecée en
arrivant à la position.

C'est ainsi que l'on conservera pendant la paix les
traditions des nécessités de la guerre, et que l'on

donnera aux soldats l'habitude de se passer de pain et de se nourrir indifféremment de tous les aliments capables de conserver leurs forces et leur santé. Alors il sera toujours possible de leur procurer, malgré les embarras et les difficultés qui résultent de mouvements rapides et de l'épuisement du pays dans lequel on fait la guerre, une nourriture excellente, mais dont le pain ne sera pas la base.

Je ne dois pas omettre, dans l'énumération des besoins occasionnés par la guerre et des moyens de conserver la santé des hommes, que l'une des principales causes de maladie, surtout dans les pays chauds et humides, provient de la nécessité où se trouvent les soldats de coucher et de dormir sur la terre nue; car dans plusieurs pays et dans beaucoup de circonstances, on ne peut leur procurer de la paille. Cette nécessité transforme promptement une armée en une troupe de mourants. Le seul moyen de prévenir ce malheur ou au moins de le rendre moins funeste serait de donner à chaque soldat un morceau de coutil ou d'une toile forte, d'environ deux mètres de longueur, dont il se ferait un hamac supporté par deux piquets à ses extrémités, et sur lequel il pourrait dormir sans éprouver l'influence meurtrière de l'humidité et de la fraîcheur de la terre.

Il faut demander beaucoup aux officiers, parce que les soldats ne sont pas des jouets d'enfant, ainsi que ceux qui parviennent à les commander sans avoir partagé leurs souffrances ne sont que trop disposés à le penser. Que les officiers soient bien traités, bien récompensés, mais le gouvernement ne peut trop exiger d'eux; ils ont un compte terrible à rendre, celui de la vie des hommes qui leur sont confiés, celui de la gloire et du salut de l'État. D'ailleurs, c'est en exigeant des officiers, non des choses futiles, mais l'accomplissement de devoirs sacrés et essentiels, que le gouvernement pourra s'assurer quels sont ceux qui méritent sa confiance. Ceux d'entre eux qui n'envisagent le service que comme une manière de passer une jeunesse oisive se retireront et laisseront la place à de plus dignes. Il en est qui ne rêvent qu'avancement, décorations, faveurs, et qui préféreraient, à mes sévères ré-flexions, que je leur indiquasse quelque secret nou-veau d'obtenir ces avantages sans se donner la peine de les mériter.

Je ne connais pas ces secrets. Qu'ils s'adressent à d'autres ; qu'ils jettent cet écrit; qu'ils le traitent de radotage *de troupier*, expression dont ils se servent pour désigner les officiers qui ont reçu, comme moi, leur avancement sur le champ de bataille. Je ne m'adresse qu'à ceux qui ont dans le cœur cette noble fierté, qui fait dédaigner toute faveur usurpée et élève bien au-dessus de la récompense le bonheur de l'avoir méritée; je n'écris que pour ceux qui ont pris pour devise : *Fais ton devoir, et advienne ce que pourra* (1).

____

(1) En 1812, au moment de passer la Vistule et de commencer

Armement.

C'est encore sur le champ de bataille, au bivouac et dans les marches, que je me place pour examiner et reconnaître les principes d'après lesquels le soldat doit être armé, habillé et équipé.

Comme arme de jet et de main, le fusil avec sa baïonnette est sans contredit la meilleure dont les hommes aient disposé. Elle serait parfaite, si quelque habile mécanicien parvenait à trouver un moyen sûr de charger le fusil par la culasse ; on pourrait alors augmenter sa portée en allongeant le canon, et rendre son maniement plus facile. L'avantage seul de ne plus avoir besoin de baguette serait très grand : le fusil, armé de sa baïonnette, peut suffire seul au soldat d'infanterie. Néanmoins il est, je crois, utile de donner un sabre aux grenadiers et aux éclaireurs ; mais ce sabre doit être court : la lame courbée en dedans comme *l'atokan* turc, doit être fortement assujettie à la garde ; car si le sabre ne sert que

---

la campagne, les soldats de ma division furent munis d'un sac de toile contenant dix livres de farine ; on retira du sac de peau tout ce qui était inutile, on n'y laissa que ce qui était indispensable, de sorte que le poids total du sac de peau, de ce qu'on y laissa et de la farine, ne monta qu'à trente-six livres. Malgré cette réduction, le soldat avait encore à porter, plus qu'un soldat romain, la giberne, sa banderole et soixante cartouches, la capote, une pièce de vaisselle, une hache et une pioche, le fusil, et, pour les grenadiers et voltigeurs, le sabre.

rarement au grenadier ou à l'éclaireur pour sa défense personnelle, puisqu'il faudrait, pour qu'il y recourût, qu'il fût désarmé de son fusil ou qu'il se trouvât dans une situation à ne pouvoir en faire usage, il en a souvent besoin pour se frayer un passage à travers les haies et les palissades.

Comme arme défensive, le soldat d'infanterie n'a actuellement que le sac qui lui couvre le dos. Il est pourtant essentiel et très facile de lui garantir la tête, les bras et la poitrine contre le sabre et la lance ; par une coiffure qui défende le sommet de la tête, les tempes et le col ; par un appareil de petites chaînes de métal qui, cachées sous le drap de l'habit, couvrent le bras de l'épaule au coude ; par un plastron en cuir ou en tissu, qui descende du col au nombril. Cet appareil défensif, léger, peu coûteux et inaperçu, donnerait au soldat de la confiance contre la cavalerie, lui épargnerait des blessures plus ou moins graves, qui occasionnent, dès le début de la campagne, l'affaiblissement des bataillons, des régiments de cavalerie, et l'encombrement des dépôts et des hôpitaux. Le soldat verrait au moins que si l'on exige son sang pour le salut de la patrie, on a la volonté de l'épargner, et qu'on a fait pour y parvenir tout ce qui était possible.

Les officiers, les généraux même, devraient être contraints à ces précautions défensives, d'abord pour que le soldat s'y soumît sans se sentir blessé dans sa valeur, et parce qu'il en coûte bien de l'argent et des hommes pour former un bon officier, un bon général, qu'une blessure, qu'il eût été possible de leur épargner, peut mettre hors de combat dans le moment où leur talent serait le plus nécessaire.

Habillement et Équipement.

Le soldat doit dormir dans ses habits, ou se vêtir à la hâte; il faut qu'il porte dedans ou sur son sac les pièces d'habillement dont il n'est pas revêtu; il est exposé à la pluie, à la neige, à un vent violent, à une chaleur brûlante, à un froid glacial; il doit marcher ou dans une boue épaisse ou dans la poussière. Telles sont les considérations qui doivent déterminer, dans le choix, les formes, la qualité et le nombre des pièces de l'habillement et de l'équipement du soldat. Il faut encore tenir compte du poids de ses armes, des munitions, des vivres et de la vaisselle qu'il doit porter.

Un habit court, un pantalon, une capote, une veste à manches et un pantalon de rechange sont les pièces indispensables de l'habillement, et les seules nécessaires; trois paires de souliers, trois chemises, deux cols, deux paires de demi-guêtres, une giberne, des bretelles, une ceinture en cuir, une brosse, un casque ou une autre coiffure, un bonnet, un sac de peau, un sac de toile composent l'équipement.

On a beaucoup perfectionné l'habillement, en substituant le pantalon avec des demi-guêtres à la culotte courte et aux guêtres longues qui couvraient le genou. Ces vêtements, outre qu'ils exigeaient plus de temps pour s'en couvrir, occasionnaient des ligatures qui comprimaient d'une manière fâcheuse les muscles et les artères. Le pantalon a l'inconvénient d'être lourd, de fatiguer les épaules et la poitrine, s'il n'est soutenu que par des bretelles ; de se charger de boue, s'il n'est relevé ou serré sur la jambe. On peut parer à ces inconvénients, en divisant son poids au moyen d'une ceinture de cuir à la manière hongroise, et en serrant, sur le bas de la jambe, la partie flottante du pantalon.

La coiffure doit non seulement être défensive, elle doit encore être légère et peu élevée, pour que son poids ne fatigue point les muscles du col, pour ne pas laisser trop de prise au vent, et pour résister au choc ; elle doit avoir une visière, pour garantir les yeux contre la lumière et la pluie ; une mentonnière, pour défendre les tempes et le bas du visage ; un garde-nuque à l'épreuve du sabre, et qui en même temps serve à rejeter l'eau sur l'habit ou la capote. Cette considération est de la plus haute importance ; car si la pluie pénètre entre l'habit et le corps, tombe sur la poitrine, le dos et les reins, elle occasionne ces refroidissements subits, ces suppressions de transpiration qui remplissent les hôpitaux, et font plus de mal que le fer de l'ennemi. C'est pour éloigner ces causes de maladies, qu'il faut veiller aussi avec un grand soin à ce que les cuirs employés pour les souliers soient de la meilleure qualité et le moins perméables possible ; à ce que le soldat ait

toujours deux paires de souliers de rechange ; que
sa capote soit d'un tissu serré ; qu'enfin après une
marche, un exercice où il a été trempé par la pluie
ou la sueur, il change de vêtement, de souliers et de
chemise. On sait que l'eau en s'évaporant, enlève
toute la chaleur du corps, sur la surface duquel cette
évaporation se fait.

Des médecins ont pensé que la peste et les fièvres
qui la remplacent n'ont pas d'autre cause. En effet,
la peste ne se manifeste en Égypte qu'à l'époque où
le soleil, au solstice, réduit l'inondation du Nil en
vapeurs qui se condensent sur tous les corps pour
s'évaporer encore. Ce refroidissement subit est l'une
des principales causes de la dysenterie, maladie con-
tagieuse et terrible dans les pays chauds.

La forme de l'habit militaire doit suivre l'usage
du pays. Les Français n'aiment point à voir les
modes étrangères adoptées pour notre armée, qui
est toute nationale ; ils ne le tolèrent que pour les
régiments dont l'origine n'est point française ; tels
sont les hussards et d'autres corps fournis par des
alliés ou composés de déserteurs et de prisonniers.
L'uniforme des soldats et celui des officiers de tous
les grades me paraît devoir être sévère, et sans aucun de ces ornements coûteux qui occasionnent une
dépense inutile. Une armée n'est pas une troupe de
comédiens : ce qui est réellement nécessaire et
utile est toujours beau ; car la beauté résulte du
rapport d'une chose à sa destination. Cette surcharge de broderie que l'on remarque sur les habits

des officiers généraux est un reste, dédaigné aujour-
d'hui, du luxe efféminé du dernier siècle. Je conçois
qu'un officier de marine, qui a des relations avec
des peuples à demi civilisés ou sauvages, ait un
brillant habit ; mais en France cet éclat de l'habit
n'en impose plus : il suffit d'insignes qui fassent
reconnaître les grades et l'autorité au moment où ils
doivent se manifester.

L'habit militaire est l'habit de chasse et de campagne. En ville, les Romains étaient vêtus de la
toge, et, en guerre, d'une casaque qui ne dépassait
pas le genou. La robe est le vêtement des Turcs ;
mais en guerre ils portent une sorte de dolman. Je
n'ai vu que quelques chefs et les mameloucks d'É-
gypte couverts de robes longues sur le champ de
bataille. L'habit du soldat, comme celui du chasseur, doit être court ; le manteau ou la capote seuls
doivent avoir de l'ampleur, et cet habit court doit
être fermé de la ceinture au col, puisque le chasseur
et le guerrier sont constamment exposés à toutes
les rigueurs de la température. Ainsi, c'est encore
la nécessité qui impose la distinction entre l'habit
de ville et celui de la campagne et de la guerre. A
l'égard de la beauté, je le répète, elle résulte dans
l'habillement, comme dans toute autre chose, de
l'harmonie, de l'accord entre les moyens et le but ;
le plus bel homme est celui dont les formes annon-
cent le plus de force, de vigueur et de légèreté,
dont les traits du visage dénotent une âme noble et
généreuse. Partant de ce principe, que tous les

hommes, malgré la bizarrerie que l'organisation
vicieuse de quelques-uns met à la mode, reconnaissent comme s'ils étaient contraints par un instinct
irrésistible ; partant, dis-je, de ce principe, on ne
pourra se tromper sur les moyens, quand on aura
bien reconnu le but que l'on veut atteindre. Ainsi,
quand il s'agira de décider sur l'habillement du
guerrier, il faut appeler au conseil, non des tailleurs
et des costumiers, mais des soldats cicatrisés et des
médecins. Il faut que le conseil se rassemble, non
dans le magasin d'un théâtre, mais au bivouac ; que
la coiffure, que l'habit soient essayés par le vent,
la chaleur brûlante, la pluie, la neige, comme par le
sabre et la lance. Quand on aura acquis la certitude
que cette coiffure, cet habillement peuvent leur résister et garantir le soldat, on y ajoutera tels ornements que le goût, bon ou mauvais du temps,
pourra suggérer ; encore cette concession aux fan-
taisies doit-elle être très restreinte, et ne jamais tomber dans le ridicule, ni occasionner une sotte dépense.

A l'imitation des sauvages, qui s'imaginent être
d'autant plus terribles qu'ils se sont rendus plus
hideux, on affuble sur la tête des soldats d'élite un
grand sac de peau d'ours, bon seulement à gêner
ces malheureux dans tous leurs mouvements, à exciter le rire par les attitudes grimacières qu'ils sont
forcés de prendre pour maintenir en équilibre sur
leur tête cette étrange coiffure, que le vent et le
moindre choc peuvent renverser. On pose sur le

crâne d'un cavalier une longue boîte de cuivre pour servir de foyer aux rayons solaires ; on la surmonte d'une haute crête que l'on nomme cimier, et qui est surchargée d'une touffe de crins et d'un haut panache, placés ainsi pour exercer la puissance du vent et la force des muscles qui attachent la tête. Cette boîte, d'ailleurs, qui ne peut résister au moindre choc, laissera la tête sans défense, comme le sont déjà le col, les tempes, la nuque, les épaules et les bras. On dit que ces sacs de peaux d'ours, ces grandes boîtes de cuivre ou de fer, ces coiffures à haute forme sont destinés à grandir les soldats. Pourquoi, alors, ne pas monter les fantassins sur des échasses, comme nos paysans des Landes ? Qu'importe la taille ? C'est de l'intelligence, de la légèreté, de l'adresse et du courage qu'il faut à la guerre. Les grenadiers russes portaient à la bataille d'Austerlitz un bonnet pointu en lames de laiton ; nos sacs de peau d'ours ont paru plus merveilleux. La découverte est belle, il faut la laisser à qui le juge ainsi, mais faire mieux.

Bataillon en ordre de bataille.

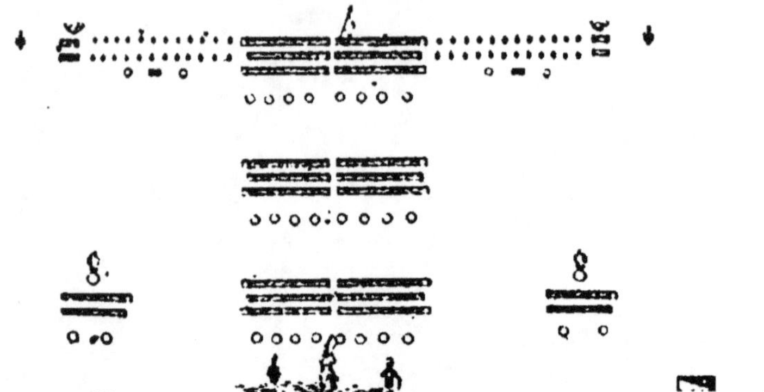

Bataillon se formant en carré.

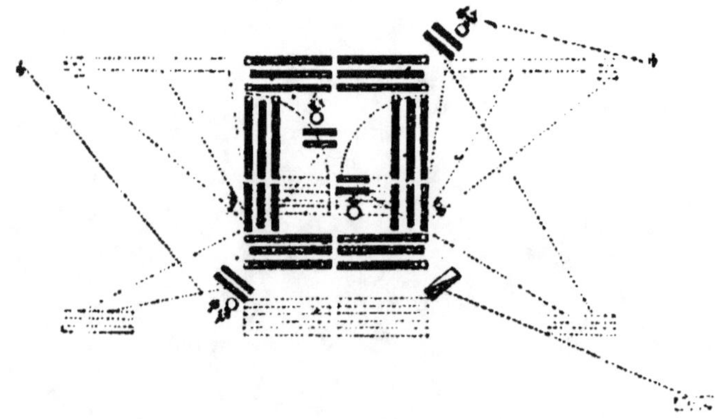

Régiment de trois bataillons en ordre de bataille.

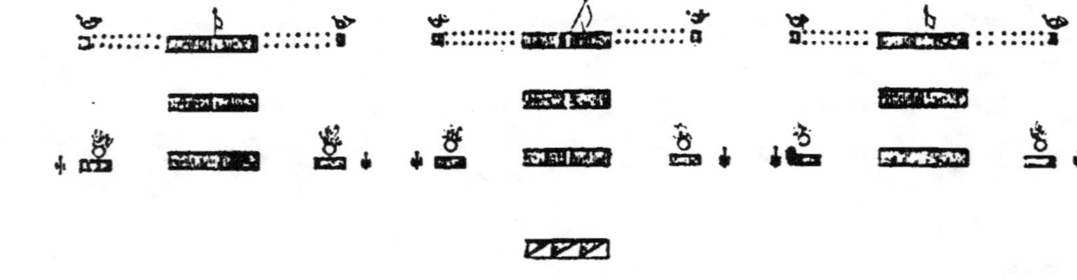

Régiment de trois bataillons sur deux lignes.

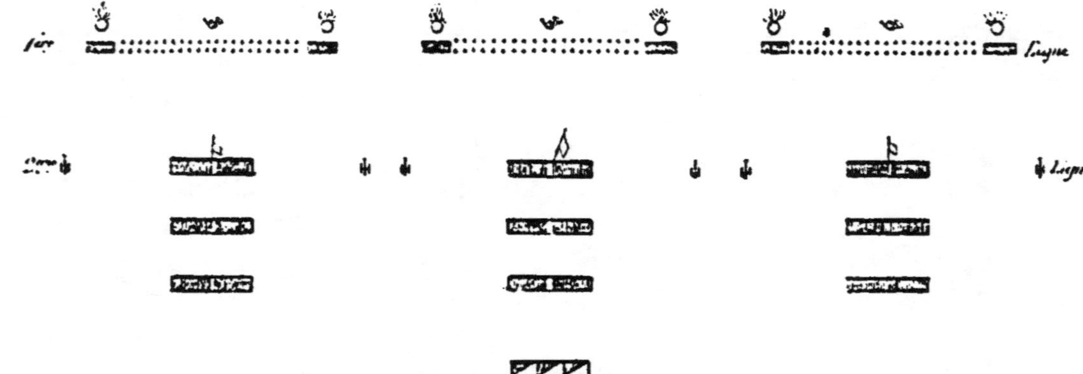

CONSIDÉRATIONS

SUR LA CAVALERIE

Interrogeons l'histoire sur la force et la puissance
de la cavalerie : si elle nous montre quelques milliers de soldats combattant à pied et en bon ordre,
résistant à des masses, ou portant dans leur sein le
désordre et la terreur, elle nous montre aussi des
armées romaines enveloppées par la cavalerie et lui
rendant les armes ; la marche de la grande armée
française ralentie par des cosaques, et plus tard ces
cosaques l'isolant de toutes ressources et s'acharnant
sur ses flancs, comme des abeilles en fureur qui
tourmentent et épuisent un lion rugissant de leurs
innombrables piqûres. Elle nous montre un Tartare
et ses chasseurs, descendant des sommités du globe
pour conquérir la Chine et l'Asie. Gengis disperse
les cendres de cinquante mille villes, et foule cent
nations sous les pieds de ses chevaux ; de la mer
Jaune à la mer Baltique, tout est dévasté, tout est
soumis par lui ou par ses enfants.

La conquête d'Alexandre est encore couverte d'un
mystère : on a peine à concevoir comment un combat pour le passage d'une rivière, un second combat

dans un défilé et une bataille en plaine ont suffi pour lui soumettre une immense population ; les résultats de ses victoires sont plus grands qu'il n'est permis à l'infanterie d'en espérer, et, pour en pénétrer le mystère, il faut chercher d'autres causes, il faut que le colosse renversé par lui eût été en dissolution avant les événements qui l'ont frappé ; mais Gengis, mais Timour, mais les lieutenants et les successeurs de Mahomet, mais Othman, fondateur de la nation turque, ne durent rien qu'à la vitesse, à la valeur, à la puissance irrésistible de l'immense cavalerie qu'ils entraînaient après eux.

Quelle était donc l'organisation de cette cavalerie foudroyante, quels étaient ses armes et son ordre de bataille ? Par quels exercices avait-elle été préparée à de si grandes conquêtes ? Ces peuples n'apparaissent que comme des sauvages, couverts de dépouilles des bêtes fauves que la chasse leur procure ; leurs chevaux, sauvages comme eux, se contentent de la nourriture que la nature leur offre ; leur force et leurs habitudes sont telles qu'ils peuvent braver les privations et les fatigues ; leurs armes ne sont que l'arc et la lance, quelques-uns portent un sabre et une massue ; leur ordre de bataille consiste à suivre le plus intrépide, et toute leur science à s'éclairer au loin et à se jeter en furieux sur l'ennemi ; ils sont adroits à se servir de leurs armes, à dompter leurs chevaux ; ils ont l'instinct plutôt que l'intelligence, et la férocité qui ne remet pas au lendemain la fin du combat et qui termine la résistance par la mort des vaincus, qui ne s'adoucit que pour l'adoption de leurs enfants conservés pour en faire des compagnons. Chaque chef a son étendard pour servir de ralliement. Mais ces peuples à cheval ne connaissent point ces divisions, ces alignements réguliers, cet ordre enfin tant apprécié de nos jours ; leur habitude est de tenir le cheval serré entre les genoux, d'avoir le corps enfermé dans une selle, de laquelle aucun mouvement ne peut le déplacer ; leurs pieds se reposent sur de larges étriers qui leur servent d'appui dans l'usage de leurs armes ; de sorte qu'ils peuvent porter le corps en avant pour atteindre, et le ployer en arrière pour le dérober aux coups ; exercés à passer du repos au galop et du galop à l'immobilité, leurs chevaux secondent leur adresse, et semblent n'être qu'une partie d'eux-mêmes ; pour armes défensives, ils n'ont qu'un bonnet enveloppé de peau ou d'une pièce d'étoffe, quelquefois sous le bonnet un casque en fer, mais sans cimier ; quelquefois aussi une chemise en mailles de fer est cachée sous la peau ou l'étoffe grossière qui leur sert de vêtement ; mais ils veillent sans cesse, se meuvent avec une vitesse extrême, ont peu de besoins, et des pensées guerrières sont les seules que leurs sens réveillent.

Tels sont les hommes qui ont produit, en Asie et sur le monde, d'horribles cataclysmes, et qui, peut-être avant peu, changeront les destinées de plusieurs nations ; car les bouleversements qu'ils occasionnent sont périodiques, ils se sont renouvelés après une série de siècles, dont la dernière est à son terme. Un nouvel Othman menace un nouvel empire grec : à sa voix, les peuples de l'Asie traversent le Bosphore et les défilés de l'Hœmus ; dans quelques mois une immense cavalerie enveloppera peut-être, dans les plaines de l'Ukraine, des armées pourvues d'armes excellentes et de nombreux canons qui leur seront inutiles contre la faim, divinité implacable ; le croissant peut, avant un an écoulé, resplendir encore sur les tours du Kremlin et porter la terreur jusque dans la nouvelle ville. C'est à Mahmoud peut-être que les destins ont réservé la gloire de venger les mânes errantes de nos frères, de relever l'étendard de Sobieski, et de rendre à la lumière les malheureux qui expient dans les entrailles de la terre une cruelle illusion. Ce que je dis n'est point l'effet du délire ; si Mahmoud ne nous trompe pas sur son génie et la grandeur de son courage, il poursuivra sans relâche les débris de l'armée de ses ennemis qui ont fait, la campagne dernière, la perte peut-être irréparable d'un grand nombre de chevaux et de cavaliers ; si donc Mahmoud obtient, par la supériorité de sa cavalerie, l'avantage de s'étendre au loin et d'envahir les plaines, l'infanterie russe ne peut lui opposer aucune résistance, puisque cette immense cavalerie turque, toujours hors de portée du canon, n'aurait qu'à la tenir enveloppée, interceptant tous les secours, ravageant tous les lieux vers lesquels elle se dirigerait, ne tenant compte de ses mouvements et des positions qu'elle prendrait que pour détruire les convois et les faibles détachements ; Mahmoud s'apercevrait bientôt que les canons et les fusils russes reposent parmi des cadavres, et que le géant est sans vie.

Si au lieu d'épuiser la bourse des Polonais en achats de draps et de boutons des manufactures de Saxe pour habiller une armée de 50,000 hommes à l'imitation de l'armée française, l'empereur eût dispersé les vaillants jeunes gens qui formaient l'un des corps de sa garde dans les nombreux villages de leur pays avec l'ordre de se retrouver sur le champ de bataille, chacun avec une compagnie d'hommes montés, armés et équipés à la manière de leurs ancêtres, le brave Poniatowski, à la tête de cette cavalerie immense et redoutable, eût seul peut-être renversé le colosse et vengé les outrages faits à sa nation. L'armée russe, veuve de ses cosaques et séparée dès le début de la campagne, aurait péri tout entière de faim et de misère sans peut-être même obtenir l'honneur d'un coup de canon ; mais les Polonais eussent été libres et indépendants, mais la politique ne le voulait pas et le génie a dû fléchir devant elle, et c'est nous-mêmes qui avons subi les malheurs que nous aurions pu répandre sur nos ennemis, et les Polonais, au lieu de l'indépendance et de la gloire, ont eu des fers : tels étaient les décrets de la providence ou les arrêts du destin.

Quel magnifique spectacle que celui de cette cavalerie européenne, resplendissante d'or et d'acier aux rayons d'un soleil du mois de juin, étalant ses lignes sur les flancs des coteaux du Niémen, et brillante d'ardeur et d'audace ! Quels amers souvenirs que ceux de ces vaines manœuvres qui l'ont épuisée contre des cosaques jusqu'alors si dédaignés et qui ont plus fait pour le salut de la Russie que les autres armées de cet empire ! Chaque jour, on les voyait à l'horizon étendus sur une ligne immense, tandis que leurs éclaireurs agiles venaient nous braver jusque dans nos rangs ; on se formait, on marchait à cette ligne qui, au moment d'être atteinte, disparaissait, et l'horizon ne montrait plus que des bouleaux et des pins ; mais une heure après, lorsque nos chevaux commençaient à manger, l'attaque recommençait et une ligne noire se développait de nouveau ; on renouvelait les mêmes manœuvres qui avaient le même résultat. C'est ainsi que la plus belle et la plus valeureuse cavalerie s'épuisa et se consuma devant des hommes qu'elle jugeait indignes de sa valeur, et qui cependant suffirent pour sauver l'empire dont ils sont les vrais soutiens et les seuls libérateurs. Pour mettre le comble à notre affliction, il faut encore avouer que notre brillante cavalerie était plus nombreuse que les cosaques, qu'elle était soutenue par une artillerie la plus légère, la plus valeureuse, la plus terrible dont la mort ait jamais disposé ; il faut encore dire que son chef, admiré des braves, se faisait appuyer dans chaque manœuvre par la plus intrépide infanterie, et pourtant les cosaques sont retournés couverts de dépouilles et de gloire sur les rives fertiles du Danaetz, tandis que le sol de la Russie a été jonché des cadavres et des armes de nos guerriers si vaillants, si intrépides, si dévoués à la gloire de notre patrie ! Telle est la puissance de l'organisation, tel est le secret des conquêtes de Gengis et des autres Tartares, telle sera la cause de la destruction de l'empire russe si Mahmoud poursuit ses destinées ; car les cosaques se joindront aux Turcs ou périront, parce que les Turcs et les Tartares, tout aussi injustement dédaignés qu'eux, combattent à leur manière, leur sont peut-être supérieurs et sont plus nombreux.

Dans des plaines immenses, dépourvues de places fortes et d'obstacles, quelle résistance une armée composée uniquement d'infanterie ou dont la cavalerie n'oserait se risquer, pourrait-elle opposer aux peuples nomades de l'Asie, quand, à l'exemple de leurs ancêtres, ces innombrables cavaliers ne feront que harceler les masses et dévaster autour d'elles, sans que le ravage puisse leur nuire, puisqu'ils disposeraient de toutes les ressources du pays au loin, derrière eux, autour d'eux, que les ressources ne pourraient leur échapper. Une rivière autre que le Danube pourrait-elle retarder la rapidité des mouvements d'une cavalerie maîtresse de choisir le point convenable à son passage et qui, à défaut d'un gué, saurait la traverser à la nage. Que des murailles, des palissades lui soient opposées, que lui importe, elle les laissera, et se contentera d'y tenir renfermés leurs défenseurs, dès lors incapables de lui nuire.

Mais, dira-t-on, il faut des lieux fortifiés pour déposer les munitions, les blessés, les malades? Il ne faut rien que de l'audace et de la vitesse; il faut que Mahmoud, après avoir passé le Danube avec sa cavalerie, fasse comme Fernand Cortez, qui brûla ses vaisseaux ; qu'il ne s'inquiète plus de ce qu'il laissera derrière lui; qu'il se répande comme un torrent sans s'exposer à aucun engagement avec l'infanterie, mais détruisant sans pitié tout homme qu'il rencontrera monté sur un cheval, à moins qu'il ne se joigne à lui; il faut qu'il harcèle, qu'il dévaste, qu'il intercepte autour de l'infanterie, mais qu'il se trouve toujours hors de la portée de ses canons. Ses malades, ses blessés deviendront ce qu'ils pourront, autant vaut mourir abandonné que d'une balle ou d'un boulet; mourir pour son pays, c'est le destin d'un guerrier; d'ailleurs, à peine serait-il parvenu sur les rives du Dnieper qu'il n'aurait plus cette inquiétude pour ses malades et ses blessés; car croirait-on que les Tartares et même les cosaques hésitassent de se joindre à lui; les cosaques encore irrités de l'anéantissement de leur égalité native, qui voient avec dépit quelques-uns de leurs frères les dédaigner, parce qu'il a plu de les couvrir d'ornements et de dénominations féodales; les cosaques dont les mœurs et les inclinations sont celles des Tartares et qui chérissent par-dessus tout la liberté! D'ailleurs, ils se divisent en plusieurs nations, et lors même que ceux qui font paître leurs chevaux sur les rives du Don demeureraient fidèles à la Russie, les pasteurs du Terek et les Zaporow ont des ressentiments qui ne s'affaiblissent pas dans des cœurs sauvages et auxquels ils se livreraient si l'heure sonne pour la *vengeance.*

La pensée que l'atokan puisse dans peu de mois peut-être lacérer les protocoles des congrès, que les Turcs et les Tartares puissent reprendre de l'influence sur les destinées de l'Europe, frappe d'un étonnement subit et de stupéfaction qui redouble par l'examen qui en démontre la possibilité et par les probabilités cachées dans les temps passés. En effet, en réfléchissant plus attentivement que c'est notre vanité seule qui occasionne cet étonnement, qu'habitués à ne jeter nos regards que sur la superficie, nous faisons de ce qu'elle nous montre la base de nos calculs; que, semblables à cet ami des fleurs qui se contente d'en admirer la parure et d'en comparer les pétales et les couleurs, nous ne cherchons que rarement dans les profondeurs les causes dont nous nous contentons de compter les effets; en réfléchissant, dis-je, on se convaincra que de très grands bouleversements sont possibles. Qu'offriraient-ils de plus étonnant que ce que nous avons vu et ce que nous voyons encore, que la transition subite d'une monarchie despotique en une république sans mœurs et sans frein, de serviteurs souples et mêmes rampants en démagogues furieux; toutes les monarchies sont ébranlées, tous les peuples sont républicains, et à l'instant qui suit tout a disparu,

14

royaumes, républiques, princes, démagogues; tout est soumis et anéanti devant deux sceptres qui bientôt se heurtent; l'enfant de la liberté, parvenu par elle au suprême pouvoir, est accusé de dédaigner sa mère, et l'autocrate vainqueur impose la liberté et semble même un moment en être devenu le champion; l'un de ces maîtres de l'Europe meurt captif sur un rocher au sein du grand Océan; l'autre meurt solitaire dans une cabane au milieu des steppes, sur la limite de l'Asie. Il n'y a de bizarre dans les événements que la vanité qui les juge sans en rechercher les causes; ceux qui se préparent sont environnés d'autant de probabilités que l'étaient ceux qui se sont passés sous nos yeux et auxquels nous avons pris part.

Les événements sont possibles; mais est-il probable que Mahmoud, dont l'enfance s'est passée entre les murs du vieux sérail, à qui son oncle Sélim a bien pu faire concevoir la nécessité d'organiser l'armée ottomane à l'européenne, qui a eu assez d'audace pour punir les janissaires des meurtres de son oncle et de son frère, ait assez de génie pour concevoir que la force de son empire contre les Russes est dans la cavalerie, dont il peut inonder leurs plaines ; quelqu'un lui a-t-il raconté les prouesses des Tartares et celles de ses ancêtres ; lui a-t-il dévoilé les vraies causes de leurs succès? On lui a démontré les avantages de l'ordre, la supériorité du soldat d'infanterie, exercé à tirer cinq coups par minute et armé d'un fusil à baïonnette;

mais on ne lui a peut-être pas dit qu'il fallait un demi-siècle pour organiser une armée, et que malgré ses efforts il peut être chassé de l'Europe avant que d'avoir pu composer et instruire une infanterie capable de résister aux Russes, dont l'organisation a commencé dès les premières années du dernier siècle ; d'ailleurs, Mahmoud pourrait-il soulever sa nation, la mettre tout entière à cheval, lorsque son énergie s'est affaiblie par le repos, la prospérité et les jouissances, comme ont pu le faire ses aïeux, comme Gengis qui prépara pendant plusieurs années ses Tartares par des chasses à la conquête de l'Asie. Mahmoud construit et répare des places de guerre, il épuise ses ressources pour les munir, et elles tombent au pouvoir des Russes. Ce ne sont pas des ingénieurs qu'il lui faut, ce sont des cavaliers audacieux pour le guider dans les champs de la Russie. Il a compris quelle était la force de l'artillerie, d'une infanterie régulière, les avantages des fortifications ; mais cette connaissance ne lui aurait-elle pas fait perdre l'instinct du pouvoir de la cavalerie dans de vastes plaines, et aurait-il assez d'audace pour se risquer avec elle et commettre au sabre et à la lance ses destinées et celles de son empire.

Que ces réflexions soutiennent l'espérance dans les cœurs amis des Grecs ; croyons que l'arrêt inséré dans les pages de l'histoire, par lequel les enfants sont punis de la lâcheté et des superstitions de leurs pères, sera révoqué en faveur du courage que les malheureux Hellènes ont montré de nos jours ; leurs ancêtres s'égorgèrent pour de vaines subtilités et s'abandonnèrent aux plus honteuses pratiques, lorsqu'il fallait combattre pour la liberté et repousser les Ottomans. Dieu les en a punis par la mort et l'esclavage ; car Dieu a donné le courage et l'intelligence à l'homme en lui cédant le domaine de la terre, et son bras paraît s'appesantir sur ceux qui trompent sa bonté et abusent de ses bienfaits ; espérons qu'il ne sera pas inflexible, et que sa justice est satisfaite des maux qu'ont soufferts les malheureux Grecs.

Que de souvenirs de gloire et de honte, ce nom réveille : ce furent les Grecs qui recueillirent l'héritage de l'antique civilisation, que leur apportèrent des proscrits échappés au fer des dévastateurs de leur patrie, qui avait succombé par les mêmes causes qui plus tard devaient être aussi celles de leur ruine. Ils eurent un siècle brillant de courage et de lumière ; ils nous ont transmis de beaux noms, de belles leçons, de beaux récits, de beaux vers ; ils nous ont laissé des modèles admirables de vertus et de talents ; mais aussi de quels scandales, de vices et d'actions honteuses n'ont-il pas fait rougir les siècles ! Cachant dans les souterrains de l'initiation la connaissance des merveilles du Créateur, ils ont offert à l'adoration des hommes les emblèmes des vices et de l'obscénité. Leurs sophistes, tantôt égarant la jeunesse et les hommes faibles dans des rêveries mystiques, tantôt disséquant des équivoques et des absurdités, ont ouvert un champ de carnage au fanatisme ; ils ont exalté et absous la férocité humaine. Les peuples se sont égorgés pour des futilités inintelligibles, et les Grecs ont succombé dans ces débats misérables ; craignons donc le libertinage de l'esprit, car il cause promptement la caducité des nations civilisées. Craignons les sophistes qui établissent leur empire sur les organes faibles ; qui séduisent les jeunes gens, les femmes et les hommes ignorants ou inattentifs ; qui environnent d'obscurité les rapports des hommes entre eux, par des subtilités et des équivoques. C'est la vanité déçue par une science fausse et pernicieuse, qui, s'irritant d'être dédaignée, soutient pour des chimères un combat à mort. Mais, en m'emportant contre les sophistes, je fais comme eux, je m'égare et j'oublie la cavalerie.

Tandis que des Tartares, braves et adroits, montés sur des coursiers légers, sobres et rapides, ravageaient l'Asie et répandaient la terreur au nord de l'Europe ; que des Arabes conquéraient les contrées que l'Atlas domine, et que baigne la mer Méditerranée ; qu'ils s'associaient les Numides, légers comme eux, et disputaient l'Espagne après avoir soumis la Perse, l'Égypte et les deux flancs du Liban, d'autres cavaliers s'escrimaient avec la hache et la massue, et brisaient sur leurs poitrines des lances impuissantes. Ces cavaliers sont montés sur des chevaux énormes, couverts, comme eux, de lames de fer : ils semblent des forteresses ambulantes ; ils font retentir sous leurs pas le sol des Gaules, de la Germanie, de l'Italie et des montagnes des Asturies, dernier asile des vaincus. Ce ne sont point des peuples à cheval, ce ne sont que des maîtres du territoire, dépouillant les faibles, et qui, à l'imitation des faux braves, ne se croient en sûreté que derrière des retranchements de fer, sous lesquels ils sont écrasés. Leurs corps, serrés dans des boîtes lourdes et épaisses, se maintiennent en équilibre sur la selle, les cuisses et les jambes sont pendantes, entraînées par le poids du fer ; le moindre choc peut les déplacer, comme il arrive à tout autre corps en équilibre. Leurs armes offensives sont analogues à la résistance qu'elles ont à vaincre, c'est la hache, la massue, une longue épée, dont ils se servent à deux mains ; ils ont aussi une lance, bonne contre des hommes désarmés, mais qui se brise en éclats sur le vêtement de fer qui les couvre ; aussi ne l'emploient-ils que pour préluder au combat et dans leurs jeux. S'ils sont renversés de leurs chevaux et qu'ils puissent se relever, ces cavaliers ont recours à un long poignard, qu'ils s'efforcent de faire pénétrer dans les joints qui séparent les différentes pièces de leurs armures ; mais le combat se termine, le plus souvent, par la chute de l'un des combattants ; le vainqueur resté debout l'assomme alors avec sa massue ou lui passe son poignard dans la gorge. Du reste, ces cavaliers ont peine à se mouvoir, ne courent qu'en carrière, ne peuvent que difficilement évoluer ; le moindre obstacle les arrête ; un terrain mouvant les engloutit et ils sont incapables de franchir une haie ou une palissade, de traverser une rivière à la nage, de gravir les flancs d'une montagne, si le terrain en est raide, sillonné ou crevassé. Ils ont un genre d'adresse dont ils font parade devant leurs femmes, et qui consiste à se heurter pour se renverser ; et lorsqu'ils sont tombés, à se remettre debout, à se servir du poignard et à lutter corps à corps. Du reste, ils comptent plus sur leurs armes défensives, qui leur épargnent des blessures et sur leur masse qu'ils s'imaginent suppléer à la vitesse, que sur leurs armes offensives qui, à l'exception du poignard, ne peuvent leur faire que des contusions. C'est pour les hommes à pied et désarmés, quand ils les rencontrent dans une plaine, que ces cavaliers paraissent le plus redoutables ; entre eux la guerre n'est qu'un jeu, et leurs combats sont sans résultats autres que la chute de quelques-uns, qui sont dépouillés et mis à rançon, s'ils ne sont pas égorgé tandis qu'ils sont à terre.

Tels sont les cavaliers du moyen âge, terreur des marchands et des cultivateurs et fléau des contrées méridionales de l'Europe. L'histoire en dit des choses horribles, la poésie en raconte d'incroyables. Ils aimaient les vers, qu'ils se faisaient chanter en s'enivrant ; et, comme la vérité leur était déplaisante, les poètes, toujours complaisants pour les puissants et les riches, supposaient qu'ils avaient fait ou qu'ils étaient capables de faire des choses merveilleuses ; ils ne leur donnaient pour ennemis que des géants et pour maîtresses que des femmes fidèles, qu'ils tenaient à honneur de traiter en amants transis et impuissants. Ils le furent impuissants devant les Arabes et les Tartares, devant les bourgeois de la Flandre, les bergers de l'Helvétie, et surtout devant les paysans français et anglais, qui assommèrent, à Azincourt, presque toute la chevalerie française ; ils le furent dans les plaines d'Antioche, en Palestine, en Égypte, à Nicopolis et surtout en Hongrie. Quel misérable spectacle que celui de tous ces cavaliers, couverts de fer et cachés dans les défilés que l'on traverse pour arriver de la Bavière à Vienne, tremblants devant l'armée turque, qui, étalée autour des murs de cette capitale, dans une vaste plaine, en poursuit paisiblement le siège. C'en était fait de tous ces chevaliers ; leurs armures allaient devenir des trophées, et leurs cadavres, sans sépulture, la proie des animaux féroces, lorsque tout à coup quelques mille guerriers, couverts de vêtements de peaux de bêtes fauves et de moutons, aux épaules brillantes d'ailes retentissantes, aux lances ornées d'une flamme d'étoffe éclatante, aux chevaux légers, rapides et vigoureux, sortent des forêts de la Bohême, traversent le Danube, et apparaissent au midi d'un beau jour, parmi ces chevaliers épouvantés, que toute l'Europe chrétienne avait envoyés au secours de Vienne. Un coup d'œil suffit à Sobieski pour reconnaître l'armée turque, et le décider à l'attaque. *En avant !* s'écrie-t-il. Ces mots magiques retentissent au cœur des braves, les Polonais à l'instant se précipitent à sa suite. Dans une heure le camp turc ne présente plus que des morts, des prisonniers et un immense butin ; l'empereur d'Allemagne peut sortir de sa casemate, son vêtement est d'or et son regard plein d'orgueil. Un jeune Polonais descend de cheval pour s'agenouiller devant lui : *Point de bassesse, Palatin*, lui dit le héros ; puis, traversant la foule des lourds guerriers qu'il a rassurés, il reprend la route de ses États, content de sa gloire, et joyeux d'aller raconter à sa femme, née Française, et dont le cœur est héroïque comme le sien, son combat et sa victoire, victoire que l'ingratitude rendit plus tard funeste à sa patrie.

Si du fait au possible la conséquence est bonne, commme on l'enseigne dans les écoles ; si le résultat de l'expérience est une nécessité ; si les mêmes causes produisent les mêmes effets ; si le passé nous découvre l'avenir, on ne peut contester que la meilleure cavalerie ne soit celle qui seule a fait de grandes conquêtes, et que la plus mauvaise ne soit celle qu'elle a vaincue, et qui n'a jamais fait rien de grand. La supériorité des Tartares, des Polonais, des Turcs, des Arabes, des Persans sur la chevalerie couverte de fer, hommes et chevaux, ne provient pourtant que de leur organisation ; car nos ancêtres étaient au moins aussi braves qu'eux, s'ils ne le furent davantage ; et s'ils se sont confiés moins à leur adresse et à leur valeur qu'aux armures dans lesquelles ils se renfermèrent, il ne faut en accuser que la mode, qui, introduite par quelque prince faux brave et maladroit, a été suivie par nécessité et sans réflexion. Les hussards et les lanciers organisés à l'imitation des peuples à cheval, seraient donc une meilleure cavalerie que les cuirassiers, qui représentent les chevaliers du moyen âge, et il suffirait de les rapprocher de leurs modèles pour accroître leur supériorité. Il faudrait, je crois, développer davantage leurs forces et leur adresse par des exercices gymnastiques ; leur donner des étriers plus larges, qui puissent leur servir d'appui, et dans lesquels les pieds ne pourraient s'engager ; raccourcir les porte-étriers pour qu'ils puissent s'élever, se servir plus facilement de leurs armes et porter le corps en avant pour atteindre ; simplifier la selle, tout en lui conservant l'avantage de tenir le corps enfermé, en suppléant à la couverture mobile sur laquelle on la pose, et qui, se déplaçant sans cesse, occasionne des blessures au cheval et des chutes au cavalier ; mais surtout, il faut leur enseigner à maîtriser leurs chevaux, et il faut leur donner, non des chevaux achetés dans les pâturages de l'Allemagne, mais qui aient été élevés dans les lieux les plus arides et les plus accidentés de la France, qui soient habitués à une chétive nourriture et à courir sur des terrains raboteux et difficiles, à n'être ferrés que des pieds de devant, à ne boire qu'une seule fois dans le jour. Frédéric II a dit *qu'un cavalier devait suivre partout un fantassin, et qu'un fantassin devait suivre une chèvre.*

Il serait facile au gouvernement de se procurer de pareils chevaux, en favorisant les agriculteurs qui pourraient lui en fournir ; il suffirait de leur en garantir la vente, et de leur procurer pour la monte des étalons sortis des déserts africains. L'éducation des chevaux, autres que ceux d'attelage, est négligée en France, parce que des millions sont portés en Allemagne pour l'achat de ceux que la cavalerie emploie. Cependant, plus d'un tiers de la surface de la France pourrait en nourrir d'excellents, qui auraient les qualités que je leur crois nécessaires.

D'ailleurs, je soumets à MM. les officiers de cavalerie les considérations historiques que j'ai développées, et les conséquences qui m'ont paru en résulter, les priant d'examiner si l'organisation que je crois préférable pour le bataillon d'infanterie ne conviendrait pas aussi au régiment de cavalerie ; s'il ne conviendrait pas, au lieu de faire sortir les tirailleurs du sein des compagnies, d'avoir dans chaque régiment une compagnie d'éclaireurs, uniquement chargée de ce service, et qui y serait spécialement préparée et exercée ; s'il ne serait pas avantageux que la compagnie d'élite fût placée en réserve ; si l'ordre de bataille qui présenterait un régiment ayant ses éclaireurs autour de lui et sa réserve placée pour agir indépendante, et trois escadrons chacun en colonne, par peloton ou par section, à distance entre elles pour déployer, ne serait pas le meilleur et le plus convenable aux évolutions et contre les surprises ; si la réduction des manœuvres ne serait pas un moyen de porter l'attention sur les événements guerriers et sur la topographie, de sorte qu'aucune recherche n'étant à faire, aucune hésitation n'étant à craindre dans la manière de faire telle disposition que le terrain ou la position de l'ennemi exigerait, les officiers n'aient à réfléchir que sur la disposition qui serait le plus convenable au terrain et à la circonstance.

DE LA NÉCESSITÉ ET DES MOYENS

LES GRANDES VILLES EN ÉTAT DE SE DÉFENDRE.

Chaque domaine eut son château fort, chaque ville eut des remparts et des bourgeois vaillants et bien armés pour les défendre contre les rapines et les violences des maîtres du château. Nos rois firent une rude guerre aux châteaux, et parvinrent à les détruire. Les villes laissèrent tomber leurs murailles et les bourgeois quittèrent la cuirasse et ne s'adonnèrent plus qu'à des occupations paisibles. Les forteresses qui défendaient les avenues du pays furent seules conservées, avec quelques bastilles dans les villes pour servir de prisons et intimider les bourgeois. De nos jours ces bastilles ont été démolies et, sur les ruines des prisons d'État, la loi et la liberté se sont établies. Ainsi la France n'a plus de places fortes que sur ses frontières, et les citoyens, abandonnant au roi et à une armée régulière le soin de les défendre, ne songent plus qu'aux plaisirs et aux affaires.

Cependant les dernières guerres ont donné à toutes les armées de l'Europe une mobilité et à leurs chefs une audace telles, qu'il ne reste aucune espérance d'arrêter l'invasion avec des places fortifiées sur les frontières, dont les défenseurs peuvent être isolés, jusqu'à ce que l'ennemi envahissant puisse, avec les ressources du pays même, les assiéger et s'en emparer. Peut-on envisager sans effroi Paris tombant au pouvoir de l'ennemi à la suite d'une seule bataille perdue? Paris, cette tête unique de la France, trésor de la plus grande partie de ses richesses, qui en renferme plus, peut-être, que tout l'empire de Russie, que plusieurs royaumes, pourrait devenir, dès l'ouverture de la campagne, la proie de l'ennemi? Cette pensée est insupportable. Lyon, Marseille, Toulouse, Bordeaux, Nantes, Rouen, le Havre n'offrent qu'un butin facile à enlever, que la faiblesse d'un seul régiment, l'imprudence d'un général peuvent livrer à l'ennemi. Ces villes si riches et si populeuses, ces foyers de vitalité pour les contrées dont elles sont les capitales, au lieu d'être leur secours et leur salut, les entraîneraient dans leur chute; nulle d'elles, dans l'état où elles se trouvent, ne peut servir d'appui aux défenseurs de l'État, auxquels une faute, une mauvaise manœuvre, un désastre peuvent causer la douleur de les voir tomber dans les mains de l'ennemi, qui les dépouillera, n'en fût-il maître qu'un instant.

Je sais que les souvenirs des bastilles fait redouter aux habitants des grandes villes de se voir environnés de forts qui peuvent servir de prisons et à opprimer leur liberté; ils envisagent aussi avec effroi le moment où leurs maisons seraient renversées par les bombes, et ils préfèrent se racheter de ce malheur, en livrant à l'ennemi une partie de leurs richesses ; ils veulent du repos, de la sécurité, de l'or et de la liberté, et ils ne réfléchissent pas qu'en perdant l'indépendance, on perd tout, et que le torrent, sous la chute duquel on croit pouvoir demeurer sans inquiétude et sans précaution parce qu'il est glacé, renversera tout sur son passage, si le vent brûlant vient à souffler.

C'est vers les grandes villes que l'ennemi envahissant se dirige, parce qu'étant placées sur les points les plus favorables au dépôt et à la distribution des ressources du pays, le commerce les y amasse, parce qu'un seul de ces dépôts peut suffire à l'ennemi pour lui donner les moyens de conquérir les autres. Cet ennemi était pauvre, il n'avait peut-être que la force des hommes ; enrichi tout à coup, sa puissance s'est infiniment accrue, non seulement par la proie dont il s'est saisi, mais encore par le découragement et la désorganisation que sa conquête a répandus parmi les peuples envahis. Car les villes qui renferment de grands amas de richesses, sont aussi les centres de la vitalité de l'État, les têtes du pays. Malheur, s'il n'en avait qu'une seule, car il serait perdu si elle venait à tomber ; tandis qu'il aura la force de l'hydre, si les foyers de sa vigueur et de son énergie sont nombreux, si ses ennemis ne peuvent les surprendre et sont forcés de s'épuiser pour les attaquer isolément.

Pour se convaincre de la nécessité de préparer les grandes villes à se défendre, il suffirait de se rappeler que, dans l'espace de vingt-cinq ans, on a entrepris, à deux reprises, de fortifier Paris ; que Lyon et Nantes l'ont été ; que, sans la victoire de Marengo, Marseille aurait été mis en état de défense. Pour se convaincre de ce que peut une population vaillante qui défend ses foyers, lors même qu'elle ne serait pas aidée par les débris d'une armée, qu'on arrête l'attention sur l'héroïque défense de Lyon. D'ailleurs, j'invoque l'opinion de celui qui eut toutes les grandes pensées, et dont l'intelligence parut dépasser les limites assignées à l'intelligence humaine. La nécessité me paraît donc évidente et hors de discussion ; mais il reste à résoudre le problème de *mettre les grandes villes en état de se défendre à peu de frais, et sans que leurs citoyens aient à craindre que des forts menaçassent leur liberté et que leurs maisons soient écrasées par les bombes.*

Avant tout, il faut que je dise ce que j'entends par la défense d'une grande ville ; je ne prétends point qu'elle dût supporter les horreurs d'un long siège, et attendre, pour traiter avec l'ennemi, qu'un grand nombre de ses habitants aient été dévorés par la famine ; mais seulement qu'elle soit à l'abri de ce qu'on nomme un coup de main, qu'elle puisse arrêter l'ennemi huit ou dix jours, assez pour que l'armée nationale puisse venir à son secours, assez de temps pour que l'ennemi, qui, pour s'emparer

de ses ressources, se sera écarté des règles de la
stratégie, en reçoive une juste punition. Dans la
poursuite des moyens de mettre les grandes villes
en état de se défendre, je ne violerai point le domaine des ingénieurs, je demeurerai dans mes
droits et mes limites, en ne considérant cette question qu'en officier d'infanterie, qui, pour accroître
la force de ses troupes, pour rendre leur action
plus énergique et leur résistance plus grande, dispose de tous les accidents du terrain, de tous les
obstacles naturels ou artificiels qu'il peut rencontrer,
qu'il peut réunir et faire servir à ses desseins.

La défense consiste à opposer des obstacles à
l'impétuosité, des résistances à l'action des armes
et à la force de l'homme, lorsqu'il n'est plus possible de soutenir la lutte avec l'adresse, le nombre
et la mobilité. Ces obstacles sont de deux sortes :
les uns, d'une grande solidité, suffiraient seuls
pour arrêter l'assaillant, s'il pouvait en être tenu
assez éloigné, pour que les moyens qu'il a de les
renverser ne puissent acquérir la supériorité ; dans
ce cas, l'art de la défense est de retarder, le plus
longtemps possible, la marche de l'ennemi, de
l'empêcher de placer ses machines sur le point d'où
elles pourront ébranler les masses qui lui sont opposées, et dont le bouleversement lui ouvrira le passage pour parvenir à une lutte corps à corps. Les
ingénieurs ont soumis à des calculs la durée de ce
combat, qui est assujetti à des méthodes qu'ils ont
reconnues et établies ; mais la résistance qui com-

mence lorsque la route est ouverte à l'assaillant, lorsqu'il s'avance sur les ruines qu'il a faites, surpasse la science, elle est indéfinie comme le courage, la force et le génie des hommes. C'est alors qu'au lieu de massifs de terre et de pierres, au lieu d'obstacles, que des canons nombreux et d'un énorme calibre pourraient seuls renverser, on oppose à l'ennemi des difficultés d'un autre genre, on cherche à embarrasser ses pas, à resserrer les sentiers qu'il doit suivre, à le retenir sous des coups invisibles; dès lors que ses canons ne peuvent lui aider, qu'il ne peut plus se servir que de sa hache et de ses mains, une palissade, un mur sans ciment, un chariot renversé, un fossé semé de piquets affilés et balayé par la balle du fusil, deviennent des obstacles plus redoutables que ceux qu'il a surmontés. Contre les premiers, il s'était ouvert une route sillonnée dans le terrain, et garantie des projectiles; contre les seconds, il doit s'avancer découvert, et tout son corps est un but aux coups de ses ennemis : il chancelle à chaque pas, et la mort le frappe tandis qu'il hésite; il s'embarrasse dans les débris qui l'environnent, et parmi les obstacles élevés ou amoncelés devant lui et dont il faut qu'il se dégage, si faibles qu'ils puissent être.

Un homme doué de raison ne peut concevoir la pensée d'élever autour des grandes villes les masses énormes de terre et de pierres qui exigent une dépense immense, et dans lesquelles l'âge présent et les âges futurs ne verraient jamais que des ruines, ne reconnaîtraient que des efforts impuissants et une conception délirante. La défense des grandes villes ne peut commencer qu'à la seconde période que j'ai signalée, lorsqu'il ne s'agit plus que d'embarrasser la marche de l'ennemi, de briser son impétuosité, et de le retenir, pendant son attaque, sous des coups mortels et invisibles, par des obstacles variés, faciles à renouveler et à multiplier; de sorte que son courage en soit ébranlé, que sa victoire soit remise, et que, tandis qu'il cherchera par quels moyens il peut parvenir à les surmonter, l'armée nationale survienne et lui apporte d'autres pensées.

Le développement de l'enceinte d'une grande ville est avantageux pour sa défense au lieu de lui nuire, puisque, quel qu'il soit, les défenseurs n'ont que le rayon à parcourir pour se porter au secours d'un point menacé, ou pour attaquer le corps des assaillants qui s'y trouverait posté; tandis que ceux-ci ont à parcourir des espaces deux, trois et même six fois plus grands, pour obtenir le même avantage. Une grande ville est ordinairement située sur l'une des rives, et le plus souvent sur les deux rives d'une rivière. Dans le premier cas, cette rivière couvre une partie de l'enceinte; dans le second, les corps d'armée des assaillants sont séparés par des obstacles, qu'ils ne peuvent surmonter qu'à l'aide de ponts construits au loin, et qui ne sont pour eux que des défilés très étroits, et sur lesquels ils ont à craindre d'être renversés. Les rivières coulent entre des prairies que l'on peut couper et inonder, ou dont, au moins, on peut rendre quelques parties marécageuses ; et c'est sur des coteaux ou des contreforts, qui s'élèvent quelquefois au milieu de ces prairies, que les grandes villes sont bâties : les saillies de ces coteaux dominent les terrains bas ; de sorte qu'il suffit de se conserver maître de ces saillies pour tenir l'ennemi à une assez grande distance, telle que ses projectiles ne puissent atteindre les habitations et incommoder les habitants. Et il suffira que des communications souterraines, ou seulement cachées dans la surface du sol, soient établies entre la ville et les points saillants, pour que des hommes peu aguerris puissent s'y rendre sans danger et sans frayeur, car le courage se répand comme l'espérance et la crainte s'affaiblit avec le danger. Sur les flancs de ces coteaux, de ces contreforts, on peut aussi établir des défenses qui couvriraient les obstacles créés ou naturels existant dans les lieux bas et dans les parties qui paraîtraient les plus accessibles à l'ennemi. Ainsi, moyennant ces obstacles défendus sur leur front, sur leurs flancs et derrière eux, le développement de l'enceinte se trouverait réduit à quelques points saillants et fortifiés, liés par des obstacles et des chemins couverts se prolongeant sur les flancs des coteaux, et dont l'abord aurait été rendu aussi difficile que périlleux, et, en arrière de cette première ligne de défense, d'autres batteries, d'autres obstacles contre lesquels l'impétuosité de l'ennemi s'anéantirait, si elle n'avait pu être réprimée dans ses efforts pour vaincre ceux qu'elle aurait rencontrés les premiers. Ce que je remarque, dans l'hypothèse que les grandes villes à défendre seraient bâties sur des coteaux, convient aussi dans le cas où elles s'élèveraient au milieu d'une plaine parfaitement unie; on pourrait toujours, selon les éléments de l'art des fortifications, établir les défenses sur des saillants qui seraient liés par des obstacles placés sur les flancs et les faces, et en arrière desquels on aurait encore d'autres moyens de défense et d'autres obstacles.

Mais on s'écrie : vous envahissez le domaine des ingénieurs, vous armez et fortifiez des batteries, vous les isolez; il faudra donc qu'elles soient fermées? c'est donc des forts que vous construisez? ce sont des bastilles? ils coûteront fort cher! Vous ne remplissez pas vos promesses, et vous ne nous proposez rien de nouveau; et les habitants des grandes villes aiment mieux courir toutes les chances d'une invasion faite par les armées disciplinées de nations voisines, civilisées, et avec lesquelles ils sont en relations littéraires et commerciales, que d'avoir à se défendre dans des forts qui puissent menacer leur liberté, et servir à renouveler les scandales et les scènes horribles des bastilles.

J'ai d'abord dû examiner le champ de bataille, en faire la reconnaissance et réunir les moyens qui peuvent m'aider à résister sur ce terrain, avec des citoyens peu aguerris, émus par les gémissements et les larmes de leurs femmes et de leurs enfants, et dont il faut épargner le sang et ménager la valeur ; de sorte que leur défense puisse se prolonger quelques jours, contre l'impétuosité et l'ardeur d'une armée ennemie victorieuse et avide du butin que renferme la grande ville ; les obstacles sont tels qu'ils ont pu être créés ou réunis dans l'intervalle de temps qui s'est écoulé entre le jour où la nouvelle de la défaite de notre armée est parvenue et celui de l'arrivée de l'ennemi autour de la grande ville ; j'ai indiqué des batteries sur les saillants de l'enceinte, sur les faces et les flancs, et, en arrière, des obstacles dont j'établis plusieurs lignes ; et je vais dire de quelle manière les batteries devraient être construites et armées, pour que le problème que j'ai posé soit résolu.

On se rappelle qu'à la rupture de la paix d'Amiens, un ingénieur célèbre proposa au premier Consul de lui construire des bateaux à vapeur pour servir, soit à une guerre sur les côtes de l'Angleterre, soit au transport de l'armée qu'il destinait à la conquête de ce pays ; l'expérience a prouvé, depuis, que l'adoption de ce projet eût procuré de grandes possibilités de nuire à notre ennemi, et que la paix en serait peut-être résultée, sans qu'il eût été nécessaire de faire la conquête.

Des expériences récentes ont prouvé aussi que des projectiles ne pouvaient être lancés par la vapeur de l'eau qu'à peu de distance, mais qu'ils pouvaient l'être ; elles ont démontré que l'appareil nécessaire pour l'évaporation de l'eau ne pouvait être appliqué à un canon de campagne, ou même à un canon qui dût être mobile. Ne concluant que du résultat de cette expérience telle qu'elle a été faite, je pense qu'il serait possible d'établir, pour la défense des grandes villes, des batteries permanentes, dont les projectiles seraient lancés par la vapeur de l'eau, par l'air même, fortement comprimé, ou par un gaz que les chimistes trouveraient plus puissant ; qu'au lieu d'un appareil ajusté à chaque canon, il suffirait, pour un système de batterie, d'une seule chaudière, d'où la vapeur serait transmise dans les diverses batteries par des tubes incandescents ; de sorte que la vaporisation de l'eau ne puisse en être ralentie, si l'on préférait toutefois cette vapeur à l'air ou à un autre gaz. Qu'à l'égard de la portée des projectiles, si elle peut s'étendre de 100 à 200 mètres, elle suffit ; que moindre, elle suffirait encore, puisque les batteries peuvent être rapprochées et leurs effets combinés d'après la portée des armes. Qu'à l'égard des appareils générateurs du mouvement, ils peuvent être placés à l'abri des bombes, et de manière que la fumée, qui pourrait faire reconnaître leur emplacement, soit détournée et dirigée vers un autre point, qui deviendrait le but des coups de l'ennemi.

La position des batteries se liant et se combinant avec les obstacles, avec les routes souterraines ou seulement sillonnées dans le sol, avec les divers mouvements du combat, devrait être telle, que l'assaillant ne voyant aucun ennemi, n'entendant aucun bruit, ne s'apercevrait du danger dans lequel son imprudence l'aurait jeté, que par ses pertes ; et qu'étonné de la difficulté qu'il aurait de reconnaître les obstacles variés et multipliés qui lui seraient opposés, il fût saisi d'un découragement et d'une stupeur qui feraient le salut de la grande ville, dont il s'éloignerait, désespéré de n'avoir aucun moyen de s'en rendre maître. Le bombardement ne serait point à craindre, puisque la défense pourrait être portée au loin, qu'elle pourrait être cachée dans la terre, sous une voûte, sous un plancher terrassé, parce que les armes ne produiraient ni bruit ni explosion, qu'elles agiraient presque sans le secours de l'homme, que la mort pourrait se couvrir de touffes et de buissons ; que, dans son trouble, l'ennemi ne pourrait deviner d'où ces coups invisibles seraient partis, d'autant mieux qu'il suffirait, pour établir ces moyens de défense, de peu de temps ; qu'ils ne pourraient être reconnus par aucun de ceux qui seraient employés dans les divers travaux qu'ils nécessiteraient, que par conséquent les espions de l'ennemi ne pourraient les lui indiquer. Des communications nombreuses et cachées donneraient aussi toutes les facilités désirables à l'offensive, et, au moment où l'ennemi, frappé de terreur, s'enfuirait des obstacles dans lesquels la mort l'aurait atteint, les défenseurs sortiraient des entrailles de la terre pour lui barrer la retraite et l'accabler ; des fougasses, convenablement placées, ajouteraient à la puissance des obstacles, ainsi que des *blockhausen* et des tours à l'épreuve dominant les surfaces, et dans lesquelles des routes secrètes et sûres conduiraient.

Ce système de défense ne ressemble pas à ce qui existe. Il se développe au moment du danger ; il consiste à aider la faiblesse des combattants, à leur épargner les pertes de la bataille, tout en leur procurant des moyens de vaincre faciles et sûrs ; il n'exige point de masses énormes, et si coûteuses, de pierres taillées et de terre. Tout est caché dans le terrain ou sillonné sur la surface. Cependant ce genre de guerre ne comprime point l'essor de la valeur ; il aide les braves et leur donne la facilité de s'élancer sur l'ennemi, au moment où ils peuvent l'accabler et le détruire. Ce système de défense, si favorable à l'intelligence et à la valeur, exige seulement que les appareils qui doivent produire la force motrice des projectiles soient préparés à l'avance, que leur emplacement soit mis à l'abri et qu'autour des grandes villes le terrain soit bien reconnu ; que les combinaisons des obstacles et des mouvements de la bataille y soient appliquées à l'avance ; que des routes à l'abri soient ouvertes ; que les points où les batteries devraient être établies soient désignés, de sorte que celui qui pourra être chargé de cette défense puisse la conduire d'après des documents sûrs, qui guideraient son courage et lui laisseraient un vaste champ. Tout ce système repose sur le résultat d'une expérience faite dans un autre dessein, il est vrai, et de laquelle il résulte que la vapeur de l'eau peut lancer des projectiles à 100 et 200 mètres, mais que l'appareil pour évaporer l'eau ne peut être appliqué avec avantage à une arme mobile, tandis que rien ne prouve qu'on ne puisse employer ces moyens physiques et chimiques avec des armes immobiles et permanentes, dans lesquelles ils n'occasionnent ni recul ni déplacement.

Or les canons et les fusils seraient placés à demeure dans les batteries, et pointés sur les obstacles que l'ennemi devra nécessairement attaquer et renverser, dans lesquels son impétuosité sera réprimée par des coups invisibles partis de la surface du terrain, et contre lesquels son courage serait impuissant. Ce n'est que lorsque, frappé de terreur, il cherchera son salut dans la fuite, que les défenseurs de la grande ville, sortant des retraites où ils attendaient sans danger ce moment favorable d'attaquer, se précipiteront en bon ordre sur des fuyards épouvantés et dans la confusion, sans avoir à redouter le canon ennemi, dont les coups frapperaient, dans le tumulte, les amis comme les ennemis.

Tout ce système de défense, qui n'est autre qu'un combat dans lequel les faibles ont appelé à leur secours la bêche, la hache et l'art des chimistes, est du ressort d'un général d'infanterie, qui peut l'établir dans quelques jours de préparatifs, si toutefois il a à sa disposition un assez grand nombre d'appareils capables de lui procurer une puissance motrice de projectiles autre que celle du salpêtre enflammé. Cent mille francs suffiraient peut-être pour la construction et l'établissement de l'un de ces appareils ; donc cette fortification serait peu coûteuse. Des routes souterraines ou cachées dans le sol des *blockhausen*, des batteries à l'épreuve, des obstacles seraient toutes les constructions qu'elle exigerait. Elle ne présente donc rien qui ressemble à des prisons ; les citoyens n'auraient donc pas à redouter de nouvelles bastilles ni la ruine de leurs maisons, parce que la défense, pouvant être établie au loin, tiendrait les mortiers de l'ennemi hors de portée. Ainsi je crois avoir rempli ma promesse et résolu le problème de mettre les grandes villes en état de se défendre à peu de frais, et sans que les citoyens eussent à craindre ni de nouvelles bastilles, ni le bombardement. Je crois aussi être demeuré dans mes droits de général d'infanterie, qui, laissant aux ingénieurs leurs énormes constructions et l'art de s'en approcher ou d'en éloigner l'ennemi, reprend l'autorité quand il s'agit de défendre la brèche, et dispose, pour le combat, des hommes, des armes et des obstacles.

CONCLUSION

L'expérience et l'histoire portant leurs flambeaux devant moi, j'ai pénétré dans les débris et les ruines amoncelées par le temps, les discordes civiles et les guerres, pour y chercher quelques matériaux qui pussent servir à la reconstruction de notre état social, dont les fondements, jusqu'à ce jour, sont demeurés abandonnés aux outrages des passions ; j'ai cherché à bien reconnaître le plan de cette base, pour me déterminer sur le choix des matériaux convenables à l'édifice qu'elle doit supporter ; j'ai cherché la solidité et la simplicité, rejetant tout ce qui m'a paru usé, inutile ou dangereux, persuadé que si une machine est d'autant plus parfaite qu'elle a moins de ressorts et de rouages, et que leur combinaison est moins compliquée, la beauté d'un édifice consiste aussi dans le rapport harmonieux que ses ornements et toutes les pièces qui le composent ont avec sa destination. Ai-je rempli la tâche que je me suis imposée ? Les lecteurs en jugeront ; j'abandonne mon livre à la critique et je retourne à ma chaumière sur le mont Jura, avec la conviction qu'on ne peut me contester le titre qui m'est cher, celui de bon Français.

TABLE DES MATIÈRES

Paris. — Imprimerie L. BAUDOIN, 2, rue Christine.